时尚国王

迪奥自传

CHRISTIAN DIOR

【法】克里斯蒂安·迪奥 著　刘晨 译

中国出版集团公司
華文出版社

图书在版编目（CIP）数据

时尚国王迪奥自传 /（法）克里斯蒂安·迪奥著；刘晨译. -- 北京：华文出版社，2018.2（2019.1 重印）

ISBN 978-7-5075-4845-7

Ⅰ.①时… Ⅱ.①克… ②刘… Ⅲ.①迪奥尔（Dior，Christian 1905-1957）-自传 Ⅳ.①K835.655.7

中国版本图书馆CIP数据核字(2018)第003671号

时尚国王迪奥自传
SHISHANG GUOWANG DIAO ZIZHUAN

作　　者：（法）克里斯蒂安·迪奥
译　　者：刘　晨
责任编辑：胡慧华　南　洋
出版发行：华文出版社
社　　址：北京市西城区广外大街 305 号 8 区 2 号楼
邮编编码：100055
网　　址：http：//www.hwcbs.com.cn
电　　话：总 编 室 010-58336239　发行部 010-58336212 58336238
　　　　　责任编辑 010-58336195
经　　销：新华书店
印　　刷：三河市宏盛印务有限公司
开　　本：710×1000　1/16
印　　张：17
字　　数：180 千字
版　　次：2018 年 4 月第 1 版
印　　次：2019 年 1 月第 2 次印刷
标准书号：ISBN 978-7-5075-4845-7
定　　价：38.00 元

序言

两个迪奥

我从不认为，回忆录就是沉溺在回忆里的人写的书，原因是：一、回忆不需要都有凭有据；二、所谓“回忆”并不是一种已经结束的东西。我喜欢说话不通过考证就即兴发挥，怀旧当然没有错，很多事情很快就成了回忆，不过我相信，最值得我回忆的事还没有到来。

当我把自己想成九岁的克里斯蒂安·迪奥时，很多有趣的事情还没有发生在我身上，我只预感到它们将要发生。

所以这里就存在两个迪奥：我首先是一位讲故事的人——1947 年

“出生”[1]在蒙田大街30号，作为一家店铺的设计师；我又是故事中的主角——那个九岁的男孩——他的故事已经被太多人扭曲了，现在是还给他真实面目的时候了。

我怕再过几年，我就不能把这个故事真实地呈现给读者了，因为人很容易沉浸在对事业顶峰期的回忆中，可是一旦他丢开了之前的那些记忆，他就容易忘记自己最初的志向。

当我写这本书的时候，我是以一种客观的态度冷眼审视自己，我如履薄冰，不敢带有丝毫自夸的成分。可能有的读者并不相信，甚至会觉得可笑，当一个人写了一本完全以自己为主角、讲述自己的生活和工作的书时，怎么可能不自夸呢？所以在此，我有必要声明：这本书只写了我了解的事情，而且也只能以自传的形式来表述。对时尚及其流变不感兴趣的人可能会觉得这本书无趣，这些人可能还自以为很明白我写这本书的意图，且报以同情。这本书只写我接触过的领域，不会涉及我不懂的知识——比如抽象艺术或宪法改革，否则那真是自负。

我还是有点儿不确定，是否应该把这本书的开篇文章取名为“两个迪奥”：一个是公众眼中的克里斯蒂安·迪奥，另一个是私人世界里的迪奥。前者是一个著名的设计师，有蒙田大街那座豪华的大房子为证，他占了这本书的主要部分。对于公众来说，“这位迪奥”意味

① 从1947年起，迪奥设计的时装开始广受关注，原文在此用“出生”一词，说明公众对1947之前的迪奥并不了解。

着一个混杂的概念——衣服、袜子、香水、宣传品、照片，以及一场并不血腥但影响深刻、波及世界的革命。

或许，我本该全神贯注地描写前者，而不是偷窥后者，后者是完全不同的形象。1905 年 1 月 21 日，他出生在诺曼底的格兰维尔镇，父亲亚历山大·路易·莫里斯·迪奥从事制造业，母亲是马德莱娜·马丁。他是半个巴黎人加半个诺曼底人，虽然现在他很少回诺曼底了，不过他还是很喜欢自己那一半诺曼底人的气质。他热爱生命中的种种小细节，比如一次简单的老友聚会，厌恶不可预知的暴力，还有充满噪声和骚乱的地方。

如果将这个不为人知的迪奥一笔带过，在我看来就是一种欺骗，而且这将剥夺完整的故事中属于我个人的感受。我很崇拜的作家福楼拜曾在法庭上激动地为自己笔下的人物辩护：“我就是包法利夫人！”在这里，当我面对这位私人世界里的迪奥时也是同样的情况，我会竭尽最后一口气为他辩护：“这才是我！”不论是否能做到，我都深切地希望能通过他之口进行表达。

目录

第一章　克里斯蒂安 · 迪奥之家的诞生

很久以来，我都在挣扎：我现在所从事的工作，无数人要花毕生时间来钻研，而我很晚才入行，又没有经过专业学习，一切都依赖灵感，所以我总是害怕灵感被玷污，也可能，正是因为担心自己永远要做门外汉，我才下定决心，抛开顾虑，创造出人们眼中的那个设计师——克里斯蒂安·迪奥。

勉为其难的裁缝 / 3

属于自己的房子 / 15

新风貌 / 37

前往未知的美国 / 51

第二章　从创意到时装

我最重要的灵感来源是女性身体的形状。设计师的天职就是要以女性的线条美为基础，通过衣料的处理，达到彰显这种天然美感的目的。我无意否认色彩给时装及女性增添的魅力，但是我完全能够只用黑白两色设计出一整系列服装，并且能完美地表达我的创意。

创意 / 73

从初样到时装 / 85

新系列的诞生 / 98

彩排 / 109
决战前夜 / 125
发布秀 / 134
服装的罗曼史 / 150

第三章　时装公司的秘密

一套最划算的衣服就是成功的衣服。穿着它的女士感到满意，付账的男士也不会感到太贵。而最昂贵的就是最失败的衣服。穿着它的女士懊恼，付账的男士也感觉是一桩负担。并且，这样的情况通常会导致再购买一件更昂贵的衣服，以便减弱由于第一次购买失败而带来的不快。

模特儿 / 165
顾客 / 179
国内发展 / 187
从巴黎到纽约，再回到巴黎 / 195
进军伦敦 / 207

第四章　我的人生历程

突然之间，我开始真心地尊敬这另一个我了。或许这个疲惫的设计师还是有值得称道之处的。我对他不再充满敌意了。维护公众的品位——他的这一角色还是很有价值的。而我能够躲在他的光环之下，庆幸自己拥有了这双重人格当中最好的部分。

少年的我 / 217
友谊与困境 / 229
我的自画像 / 245

附录：迪奥生平大事年表 / 253

第一章
克里斯蒂安·迪奥之家的诞生

在我看来，做自己的主人并不是随意做自己喜欢做的事，而是直面新的人生，成功地克服棘手的问题。我相信，正是因为把艺术的悦人之处重新表现了出来，我才能成功。

——[法]克里斯蒂安·迪奥

第一章
克里斯蒂安·迪奥之家的诞生

勉为其难的裁缝

我必须承认自己是个幸运儿，幸运是我人生最主要的特征，虽然我确实对预言家的说法表示过怀疑。

我第一次听到关于自己的预言是在很小的时候，那是1919年，我们家附近的集市上有一场为士兵募捐的活动，其间穿插了一些小节目，我们也能参与其中。我假装自己是个吉卜赛人，把篮子拴上绸带挂在脖子上卖护身符。夜幕降临，当游人变得稀少时，我不知不觉来到了一个算命婆婆的小摊前，她让我伸出手掌给她看。

“你会受穷，”她说，“但女人是你的幸运神，她们将带你通往成功，你会从她们那儿赚到大笔的钱，而且你将会到很多地方旅行。”

那时候我完全没把她的预言当回事，对于我来说那就是几句戏语。不过回家后，我还是把这些话一五一十地传达给了父母。在今天看来，那句语义含糊的话“你会从她们那儿赚到大笔的钱”是很好解释的了，但是当时父母肯定觉得这话放在我身上太怪了——在那个年代，“时装”对于他们来说简直就跟“贩卖人口”的概念一样陌生，完全跟自己无关。以后，他们就会相信他们的儿子真的能做出来。关于我会受穷的预言，他们觉得莫名其妙，至于会去各地旅行——那简直成了全家的一个大笑话：

迪奥，黑白照片，年代不详

“克里斯蒂安也能成为旅行家？昨天，要看个小朋友，他还紧张得不得了呢！”

真不知道，如果父母能在1945年——我事业的开端时跟我面对面，会是怎样的情形。作为吕西安·勒隆的助理设计师，我与时装相伴，度过了十个快乐的年头，那段日子真幸福！我既不用负责把自己的设计付诸实践，又没有行政工作的负担。战争已经接近尾声，军事部门解体，我流亡在外的姐妹们都回到家了（顺便提一句，在我们最绝望的时候，一位算命先生非常肯定地预见了这次团圆）。我再一次由衷地感慨命运的无常，我人生的灰暗一页刚刚翻过，一个崭新的、未知的世界正向我敞开，我只能用快乐的心情来迎接它。

残留的战争阴影丝毫没有破坏我的乐观心态，即使残垣断壁、破败的乡村、定量供给、黑市交易就在身边，也不能阻止我对当时惨不忍睹的时尚风格产生兴趣：超大的帽子、超短的裙子、超长的夹克、超重的鞋子……最可怕的莫过于额前顶着高高蓬起的乱发，后边披着波浪卷发的骑自行车的法国女人。

我很明白这种“乍祖风格”[①]是对暴力占领以及维希政权的一种反抗，即使少了布料、羽毛、面纱的装饰，它也能如革命的旗帜一般，勇敢地飘扬在法国上空。不过，让我从时尚的角度看，它实在是很难入目。

只有一种战时存在而现在消失了的东西让我特别怀念：当时，由于汽油紧缺，我们去任何地方都要步行，当我们还没来得及细想时，就已经感受到了散步带来的愉悦感——途中偶然遇到朋友，借此机会还能说点儿闲言碎语。

也是由于这种散步方式，我才会有从圣弗洛朗坦大街溜达到我住的鲁瓦亚勒大街的习惯。在这期间，我的人生发生了重大的转折，我遇到了一位许久未见的老友，幼年时我们曾在格兰维尔的沙滩上一起

① 原文法语“zazou”是“二战”时期流行于法国的一种亚文化，标志是一些年轻人穿着超大的颜色艳丽的衣服以示独立。

玩耍过，现在他是坐落在圣弗洛朗坦大街上的加斯东制衣店的主管，而且他也知道我做了时装设计师。

他兴奋地宣布这是一次命运的相遇！他的老板马尔塞勒·布萨克[1]正要重新包装自己的公司，而他现在最需要一位有能力的设计师为公司注入活力！难道我会不知道，这么一个棘手的工作需要万里挑一的强人来做？过了半天，我都不知道怎么才能委婉地表达：可能没人能胜任这份工作……我一直在想为什么不推荐我自己。

不过，命运不会因为我的退缩而改变。在圣弗洛朗坦大街与鲁瓦亚勒大街之间的人行道上，我再次碰到了这位老友，他依然没有找到那位绝世设计师，而我依然没有自荐。

在我最终跨出决定性的一步前，发生了一个小插曲。皮埃尔·巴尔曼——我在勒隆工作室的一个设计师同事辞职了，他另起炉灶，开了一家以自己名字命名的时装公司，看样子势头不错。这让我开始认真地思考自己的未来，我第一次意识到：也许不该回避个人的野心了。在勒隆的工作室，我确实很开心，大伙儿相处得都很愉快，但我所有的努力只是在填满别人的腰包，而我总是生活在勒隆创作灵感的阴影之下，只能忠实地服从于他的思路，隐藏自己完全不同的观点。

当命运第三次让我和老友在同一条人行道上相遇时，我的心豁然开朗了。没有任何疑惑，我作出了改变自己一生的决定，我直接问他：

---

① Marcel Boussac（1889—1980），生于法国，曾经是一位著名的赛马运动员，建立了法国历史上最成功的赛马业公司，后投资纺织品行业，以与克里斯蒂安·迪奥的合作闻名于世。

“你到底需要我做什么？”

这句普普通通的话从我嘴里说出来是经过了多少思想斗争啊！然而，我很快就明白了这句鲁莽的话带来的严重后果。首先，我要面对的是大名鼎鼎的马尔塞勒·布萨克——棉花工业委员会（CIC）总裁，他跟我这种比较内向的人之间简直隔了一道鸿沟；最棘手的问题还在于：我要面对的是一位对时装一窍不通的大商人。“商业”这个概念总让我觉得有点儿恐怖，更恐怖的是一种叫“商务午餐”的东西，以前一提起它，我就联想到吃不完的顶级美食，而现在，我想我只能与马尔塞勒·布萨克的得力助手 M. 法约尔一起把时间蹉跎过去。

让我感到欣慰的是，这位 M. 法约尔先生不是那种穿黑夹克、条纹裤，领子支棱着的人，他的马甲口袋里也没塞着日程表、备忘录、钢笔，他跟我一样热爱美食。更好的是，他没找什么刁钻的问题考我，也没在我答话的时候挑刺。他是个心胸宽广、温和、善良的人，不想难为我，我们之间彼此也都是坦诚相见的。难能可贵，他懂得欣赏女人的优雅，这要感谢他热爱时装的妻子——娜丁·皮卡尔。法约尔大概没把我对商业的不敏感当成一种人格缺陷，而我也不希望被当成在艰难的世道中苦求生计的可怜人。

其实，我心里很清楚，我就是那个“可怜人”。很久以来，我都在挣扎：我现在所从事的工作，无数人要花毕生时间来钻研，而我很晚才入行，又没有经过专业学习，一切都依赖灵感，所以我总是害怕灵感被玷污。也可能，正是因为担心自己永远要做门外汉，我才下定决心，抛开顾虑，创造出人们眼中的那个设计师——克里斯蒂安·迪奥。

迪奥在庭院中

与M. 法约尔的这次会面，我想我俩都很满意，下一步理所当然该去拜会马尔塞勒·布萨克，谈谈具体的商业运作问题了，但会面的日子一拖再拖，因为对勒隆的愧疚让我难以作出任何重大的决定。

又过了三天，我来到这家在当时声名显赫的“菲利普与加斯东”公司。记得1925年的夏天，我还是个学生的时候，曾第一次来到这里，然后马上就被那些色彩柔和的雅致衣衫迷住了，难怪美丽的于盖特·迪弗洛[①]要到这儿买衣服。然而现在，我看到的是简陋的“加斯东”款式，

① Huguette Duflos（1887—1982），法国女影星。

它们明显带着战时物质匮乏的痕迹，虽然用皮毛做了装饰，但依我看，还是带着无法遮掩的过时感。

我很负责地把公司的情况从上到下研究了一番，但是其实，打一进门我就明白，马尔塞勒·布萨克花费再多的时间和金钱也不可能重演昔日的辉煌了。在我之前，已经有太多人想让这个时装品牌起死回生，但他们全都以失败而告终。建立一个设计工作室的风险是很大的，它们往往比自己的主人还命短。我对自己的冲动感到后悔，因为事情很明显，要在短时间内改变一个惰性已久的团队太难了！一句话——想彻底创新，用新瓶装旧酒的法子是行不通的。当我从加斯东出来后，理所当然地知道，自己不是那个能把死马当活马医的人，绝不可能！

现在我终于可以偷偷松口气了，再也不用硬着头皮去跟勒隆辞别了，再也不用对“商业”感兴趣了。我可以回到自己极为依恋的舒服的窝儿里，在经历了多年的动荡之后，我已经做好准备要彻底安顿下来了。

第二天我带着很轻松的心情来到了棉花工业委员会，因为我知道这次会面不会给我带来什么改变，所以我将礼貌而坚决地拒绝布萨克的邀请。我到的时候他已经在那儿等着了，他本人和他的办公环境都给我留下了很好的第一印象。这里有很多很多书，一些漂亮的帝国家具，一张放着铜质赛马的桌子摆在屋里的显眼位置上，桌子后边的墙上挂着一幅水彩画。

这位著名的企业家就坐在屋子中间，他中等身材，长得很结实，方正的脸上带着果敢的神情，用词和举止都显示出精干，虽然长得像个严厉的人，但笑容却给人以真诚、友好的感觉。当与他面对而坐时，我突然觉得自己的思路清晰了，布萨克不仅是著名的企业家，也是一位心胸开阔、很有修养的聪明人。而且我知道他已经认让娜·卡蒂勒－门德斯（Catulle-Mendes，法国诗人）夫人为母，还娶了范妮·海勒蒂——一位我很仰慕的歌剧表演艺术家为妻。很显然，他的兴趣非常广泛，绝不仅限于钱和赛马这两个我不了解的领域。我想我俩会合作得很愉快。

内向的人往往爱说出唐突的话。我突然不由自主地告诉他，我真正想做的并非复兴加斯东，而是开一家以我自己的名字命名的时装工作室。我希望这家工作室的每个版块都是新的，从风格到团队，从家具到地址。生活将为我翻开全新的一页：是新的潮流诞生的时候了！我大着胆子描绘着梦想中自己的工作室——在一个不显眼的地方，占地不大，那里将把最优秀的时装工艺流传下去。所有衣服看起来都造型简洁，实际上做工却毫不含糊，所以顾客会是那些真正优雅的女人。在战争造成的萧条过去之后，人们自然会由衷地渴望一种新的时尚风格，为了满足这种要求，法国设计师应该让奢侈品复兴起来，所以，我要的是能做出艺术品的工作室而不是一家做衣服的工厂。

我陶醉在自己的憧憬中，一刻不停地说，差点儿喘不过气来。马尔塞勒·布萨克非常耐心地听我把话说完，在送别之前，他说虽然我的计划跟他预想得很不一样，实施起来也确实需要些魄力，但他对我的计划还是挺有兴趣的，不过需要认真考虑下再答复我。我暗自想，他一定是觉得我自视甚高，而之后的好长一段时间，我还处在与他会面的紧张中，完全忘记了自己此行是来拒绝他的邀请的，我想我最后给他陈述我的计划听起来反而像是我接受了他的邀请。

在忍受很久的焦虑之后，我接到通知说布萨克公司准备实施我的计划了，可这时我却又害怕它变成真的，因为我将把离开的打算告诉勒隆，要知道勒隆与马尔塞勒·布萨克私交甚好，那我在这中间会扮演什么角色呢？

现在想回头已经是不可能的了，我肯定要和布萨克再详细谈谈，但当我着手准备时，遇到了很多意想不到的麻烦。我的独断专行倒不是因为多么自负，而是因为在我的内心深处想找借口逃避一切，这种状态让我不得不发了封电报取消了会面。

在这个关键时刻，我拜访了德拉艾夫人，就是那位准确预言我流亡的妹妹会与我们团聚的预言家。

她严厉地指示我马上接受布萨克的邀请。她说："无论如何，你都要创建克里斯蒂安·迪奥工作室，没有第二个人会给你这样好的机会了。"

面对她如此肯定的预言，我低下了头以示虔诚，顾虑解除了。我给 M. 法约尔打了个电话，简短解释了下：希望我的电报没有造成什么影响。结果会谈还是如期进行。我心中的乌云散开了，事实证明与布萨克达成协议是再简单不过的事了。

我已经下定决心要把离开的消息告诉勒隆，不过在此之前我先要找雷蒙德夫人谈谈，她是我去勒隆公司的介绍人，我们也是很好的朋友，她就像守护天使一样，经常给我一些非常好的建议。我把跟布萨克会面的事告诉了她，她听完后，连在马提翁的早课都编谎话没去，

VOGUE 杂志上的迪奥时装设计图片

就为了当面支持我的决定。她又告诉了我一个让我非常震惊的消息：她托一位朋友拜访了一位隐士，是个人称“老祖母”的预言家。那人看了一张我的草稿纸，上面都是不连贯的句子，居然惊喜地大呼起来：“一场时尚界的革命将从他那栋房子里开始，真是太神奇了！”

关于我的未来，这位奇人还描绘了一大堆让人难以置信的美景，不过她与我自己认识的那位预言家一样，促使我与勒隆辞别，尽管勒隆对我有很多承诺，尽管我和他相处得很好，但我还是在雷蒙德夫人与德拉艾夫人的支持下决定与他告别。我已经想好了，多做一些设计，帮助我的继任者胜任工作。

我永远感激勒隆对我离开的宽容和理解。我们在最恰当的时候分开了，唯一让我难舍的是那所给了我长久平静与快乐的房子。

辞别了我最好的朋友，同时也是我最慷慨的上级后，怎样找到一所安置新公司的房子，成了我心中首要的问题，我曾向马尔塞勒·布萨克描绘过它，但现在我依然不知道它的具体位置该定在哪儿。很多年前，在我没遇到布萨克的时候，曾经在蒙田大街的两所紧挨着的房子——28 号和 30 号前驻足过。当时我正和皮埃尔·科勒——一位艺术品商人在一起，我跟他说，这两所房子的布局真是简洁、合理，风格含蓄而优雅，不带一丝浮华之气。皮埃尔是第一个想投资建一个以我的名字命名的时装工作室的人，我俩站在两栋房子门口，我就用开玩笑的语气跟他说：“皮埃尔，要是你的话成真，我就在这儿落户，哪儿也不去了。”

但是，到了 1945 年，谁还会想着这两栋房子在待售呢。我直接委托了房屋代理，他们帮我找了不少地方，都集中在香榭丽舍大街，全都很漂亮：其中一栋在弗朗索瓦一路，后来被芒甘夫人买走了；还有一栋在马提翁大街，非常大，后来成了我的好友及同事让·德斯的财产。那时，我实在不知道怎样选择，因为它们都没有达到我为马尔塞勒·布萨克描述的房子的水平，都不能恰合我的心意，可我也没有多少时间选择。

所以说，我的优柔寡断、瞻前顾后有可能毁掉我的整个事业，但我就是改不了。

就在这时，有人无意中提醒了我一句：

“要是你决定在这片儿找房子，为什么不看看蒙田大街 30 号？那儿原来是个时装店，现在关门了。”

我去看了看，果然，房子待售，于是克里斯蒂安·迪奥之家就在这里诞生了。

属于自己的房子

在我看来，做自己的主人并不是随意做自己喜欢做的事，而是直面新的人生，成功地克服棘手的问题。目前，我负责即将开业的克里斯蒂安·迪奥之家的全部管理工作，而布萨克那边除了资金支持，其他一概不插手。

实际上，不管是富有经验的管理，还是雄厚的资金，都不能绝对保证企业的成功,成功完全依赖于我的想法是否具有创造性。这场“战争”能否打得漂亮，就看我手中的一刀一剪。我的员工都必须是一流的人才。我已经有了雷蒙德，在她看起来安静的外表下，保持着对每一股时尚潮流动向的警惕和敏感。雷蒙德简直就是我的另一个化身，但比我更敏锐：她用理性诠释我的浪漫，用秩序诠释我的想象，用纪律诠释我的自由，而且她有能力使对立达到平衡。总之，她具备了所有我不可能具有的品质。在1947年我还是个新手的时候，她引导我在错综复杂的时尚潮流中顺利航行。我很难用一个准确的职位来说明雷蒙德在公司里的作用，应该说：她稳稳地充满技巧地抓住了驾驭公司的缰绳，对每一件事她都付出了宝贵的智慧与热情。

说完了雷蒙德女士，下面就不能不提到布里卡尔女士。她曾经帮助慕尼丽丝[①]，把她的时装系列做得很有影响，后来我们便成了朋友。她是那种把优雅刻入灵魂的人，这种人已经越来越少了。丽兹酒店窗外的一切，所有世俗之事——政治、经济、社会变革都不入她的眼。8月，她会给自己放一个月的假去温泉疗养地，在那儿的街道上或赌场里她可能会很显眼。不过总的来说，她对乡村和大自然的热爱不会超过她对装饰、头发、衣服和鲜花的热爱。她的高标准是不容含糊的：把那些神秘的可能被忽视的元素直接而鲜明地表达出来才是她认为的高雅。

布里卡尔女士对优雅的理解是全面丰富的，她那与众不同的奢华品位，很好地调和了我从诺曼底祖先那里继承下来的冷静气质，这是她的最大特点。在我的工作室里，不论她赞同还是反对我的理念，都是对我创造力的一种激励。她对高级时装传统的深刻理解以及拒绝妥

---

① Edward Molyneux（1891—1947），出生于英国的时装设计师。

日本东京迪奥公司大楼

协的性格，对于像我这样对这个放任的时代灰心的人而言无疑是一种最佳兴奋剂。她对优雅传统的坚持，使她看起来就像我奉守的那句座右铭——“坚守下去”的化身。

除了这两位顾问，我还需要一些“行动派”把我的“办公室白日梦”[1]转化为现实中实实在在的衣服。玛格丽特女士作为一名设计师曾先后在室内设计师乔治·热弗鲁瓦的工作室以及帕图公司工作过，能认识她是我极大的幸运，我一直都觉得她就是“贵妇时尚”的代言人。她如雷诺阿的色彩一般微妙，几年后，她已经融为了我的一部分——制作衣服的那部分。我们的合作是充满激情的，在冲动与固执、急性子与耐心的撞击中，她深深地陷入了对自己工作的痴迷。在她研究一件衣服的时候，即使天要塌下来了，我知道她也不会理会的。

对于玛格丽特来说，永远没有什么是达到极致完美的，她会不厌其烦地缝了又拆、剪了又剪，每个人，包括我，都想插手帮忙，可依然没法让她满意。她的激情慢慢积聚着，在样品完成并向我们展示的那一刻达到了顶峰。在这之前,她已经作了二十次的“最后修改”——真不敢相信那是出自人类之手的作品。

玛格丽特就是我要找的那种和我一样热爱时装的人。在帕图公司工作时，她就是那里的顶梁柱。不可思议的是，这样一个知识已经很渊博的人，会因为时事的变化，以及对时装更多的了解而辞职。出于对裁缝师或者主管职位重要性的充分认识，我特意为她安排了技术裁

① 原文法语 bureau de rêveries，这是 18 世纪的表达法。

缝师这个职位，这样就可以让她监管整个迪奥之家，而不仅仅是某个工作室。

为了让大家对她的工作岗位有一个准确的认识，我必须简单追述一下1914年“一战”之前时装业的历史。我们今天的时装设计师就相当于剧务，而在帕奎因和杜塞的时代，设计师更像是导演，演员会被按照一致的目的组织起来，来实现大众的期盼。

他们当然需要通过主管的帮助，对电影画面作出准确的判断。那些带着自己的设计草图来回奔波的业余设计师，至今我们还只会称其为制版师。但是一件衣服要通过无数不同人的加工——从裙子到袖子、紧身胸衣，每个部分都会委托给不同的人做，时装秀场是无数设计师和工作室秘密竞争的地方。只有工作室中的领导者才能以统一的理念赋予整合服装中存在的矛盾性、混杂性。那时，一件时装是否出色是由工艺的水平、细心制作的细节，还有至关重要的完美的材质决定的。今天就不同了，衣服样式可能过好几个季度都没实质性的改变。

同时，这个系统意味着，在这个世纪伊始，时装在不同工坊间没有多大的区别。为了体现衣服有了一些改变，就需加上一些做工精巧的装饰物：滚边、珠子、刺绣、蕾丝、皱褶。总之除了剪裁没变，其他的设计元素都被加上去显示衣服的变化。我们想象一下，每位顾客都希望穿上高级时装，X夫人不可能炫耀跟她的朋友Y夫人一样的衣服，也绝不会去穿跟那位成为城里话题的鼎鼎大名或者声名狼藉的Z女士一样的衣服。为每一位女士设计不同的服装是不切实际的，所以基本的样式会被保留下来，只有装饰作了改变。

保罗·普瓦雷彻底改变了这一切。

这是一位伟大的善于创造和装饰的艺术家，虽然不幸的是：他极不善经营，晚年陷入了贫困。在创立自己的品牌之前，他给杜塞做设计师。他通常能在原材料上尽情施展，把柔软的布料披挂在模特儿身上，丝毫不用担心它们会滑下来。他赋予它们不可思议的色彩，然后在这里剪一下，那里剪一下，再稍微别上几处，一件衣服的概念就成型了！

他的衣服有着鲜明的曲线，就像画家博尔迪尼（Boldini）画中表现的那样，普瓦雷制成的样衣都很有这种朝气。那些漂亮的服装，是对他的前辈精心创作的形象的临摹。装饰品和繁复的针脚被抛弃了。伊里巴[①]以一种崭新的粉色取代了蓬皮杜的粉色。亮片的出现，是来自东方元素的强烈影响，18 世纪的绸缎从此被取代了。

受到东方的、特别是波斯的影响，加上萨拉·贝纳尔[②]以及俄罗斯芭蕾的影响，普瓦雷的设计达到了一个新的高度。仿佛是预感到了 1914 年世界大战带来的广泛影响，艺术家们忙于在各个方面革新，当埃勒与博尔迪尼的女人们忙着换上衬裙时，刚刚诞生的立体派已经从她们身边不经意地溜过了，紧身胸衣不复存在，取而代之的是精巧优雅的内衣钩环。

无论东方神话中的婢女还是仙后都成了时尚界的偶像，穿着巴

---

① Paul Iribe（1883—1935），法国时装设计师。

② Sarah Bernhardt（1844—1923），法国演员。

克斯特[①]式的服装的伊达·鲁宾施泰因[②]就是对这种神话最好的诠释。1912年的巴黎，简直成了保罗·普瓦雷的后宫，他本人就是时尚王国里值得崇敬的苏丹。但当东方主义不再流行时,就只剩下著名的“妓女”福尔赞[③]牵着的那条阿富汗猎犬这一点点东方元素了。保罗·奥里韦、马蒂、勒帕普，所有这些吕西安的《时尚》杂志的设计师都为执政内阁时期[④]风格疯狂了，加上后来的拜占庭风格、巴格达风格、立体主义及野兽派一起主导的1925年著名的装饰主义。

是马德莱娜·维奥内和让娜·朗万最终改变了时装设计师这个职业的定义，他们的时装系列中的作品都是出自自己手中的剪刀。服装样品成了一个整体，裙子、胸衣最终都按照统一的原则来剪裁。马德莱娜·维奥内沿着这个方向创造了奇迹：在利用原材料的方面她是一个天才，而且她发明了著名的斜线剪裁法，这种方法让即便生活在两次世界大战之间的女人看起来也充满了温柔的气质。时装终于从20世纪初普瓦雷喜好的装饰品和装饰性花边中解放出来，转而完全依赖剪裁。

这是伟大的时装设计师的时代：这其中尤为出色、占据首席地位的是香奈儿小姐（虽然她声称自己连针都不会用）。她的个性、品位、风格、优雅以及能站在不同角度看问题的威信，使她与马德莱娜·维

---

① Bakst（1866—1924），俄罗斯画家。

② Ida Rubinstein（1885—1960），俄罗斯著名芭蕾舞女演员。

③ 法国女演员 Jacqueline Forzane，曾主演过由左拉的名著改编的电影《娜娜》中的妓女娜娜。

④ 1795—1799年法国革命政府五人内阁时期。

奥内并称为现代时装的缔造者。

到今天，经过了无名者们漫长的实践过程，时装已经成为一种表达个性的方式，表达个性成了工作室的头等大事。可能这就是为什么时装与时尚被谈论得比以往任何时候都多的原因。

再回来说玛格丽特夫人还有我为她设置的新职位。我是为自己的公司做设计师，在经营方面不需要别人替代我，但在技术方面就不同了，我需要有人帮我照管整个工作室。裁缝师与员工们有能力把最小的工艺细节做好，但是他们会因为缺乏必要的超越性而才能受限。这种超越的视野就需要玛格丽特夫人来赋予大家了：以我的设计为蓝本，她会监督整个制作流程，在把样衣呈现给我之前，纠正纸样中的任何错误。最后我本人需要对图样进行调整，为的是在某些衣服上按我最

日本东京迪奥大楼内部

初设想的那样强调出潮流感。

关键问题是，为了减轻玛格丽特夫人的负担，也为了公司的事业发展，我现在还需要一个技术指导，雷蒙德经常向我夸奖林策勒夫人对时装的理解，而且她很自愿地表示可以来为我们工作。我让她处理了一大堆棘手的工作，之后才确信她能在工作室与顾客对服装拷贝的需求之间做得游刃有余，从而保证样衣的质量和风格不变。她有着银白色的头发、慈祥的外表，能很好地把裁缝师的工作做好，而且她经常能给那些犹豫的顾客信心。

挖到一个得力的裁缝师，我的工作室真是挖到了宝，因为这段时间我们在时装沙龙上遇到了一个很讨厌的客人，用在黑市得来的钱跟我们买了一大堆东西。最终我们凭借丰富的经验和知识完成了这项工作。我已经准备好带着我的核心团队面对 M. 布萨克了。

我坦白地告诉他，我所建议的这个机构规模比较大，这么小的房子是不够用的，虽然我的样衣只面向有限的顾客。我的目标是达到完美，所以我需要一流的“武器”。幸运的是，M. 布萨克认为自己面对的是个有责任感的人，而非一个自大狂。

当迪奥之家第一次亮相时，我们将蒙田大街 30 号的三间阁楼作为工作室。包括一个小工作间，一间开时装沙龙用的屋子，一个专门为模特儿们提供的小间或者叫更衣室，还有一间办公室，六个小试衣间。我总共雇了六十名员工。

总的来说，我还是挺欣慰的，因为自己不用为公司经营方面的问题发愁了：这方面的问题雅克・鲁埃都能解决。他以前也没有时尚界的工作经验，但是我喜欢他，而且从一开始就对他绝对信任。他的角色就是给我的空中城堡奠定一个坚实的底座。当我们第一次会面时，我描绘了一幅打击人的景象，把他可能会遇到的困难都摆了出来。在不可避免的混乱环境中保持秩序就是他的工作，麻烦的情况是避免不了的，因为简而言之，这些烦琐混乱的纯管理工作，设计师们鉴于自己的天性都是帮不上忙的。

幸而他天性敏感，裁缝师、工人、模特儿、店员、记者、顾客等交付给他的工作，那些意想不到的可能犯的错误他都能避开。他既要取悦这些可爱却苛刻的女士，又不能对她们让步太多，同时还要表现出乐观的工作态度。几个月里，为管理好这个刚刚起步处在成长阶段的公司，他苦干了无数个日日夜夜。

一旦处理了设计与管理两方面的问题，同样重要的销售和展示问题就要提上日程。我认为能管理销售部门的理想人选是苏珊·卢林，她来自我的家乡格兰维尔。虽然在来我这儿之前她从没经营过时装店，但九年后她名声大噪。需要用原子时代的词汇量才能涵盖形容她的词——不能简单地说她是有活力的，也不能仅仅说她是有爆发力的，她从来就不属于任何一类，从不疲倦，从不让我们失望。在店员们情绪低落的时候，她把他们重新凝聚在一起。在顾客焦躁的时候，她安抚他们。她的乐观、热情和优秀的判断力让我们受益匪浅。

我想我不能完全避而不谈这个时代的女神——宣传。我听说有个年轻的美国人阿里松·埃利奥特希望能在法国定居，美国就是他传播的代名词，所以我决定雇用他。他的工作——也是他擅长的——就是避免公司激起公众过度的关注。当时存在一个广泛、严重的误解，那就是认为克里斯蒂安·迪奥这个品牌被推出来的时候，大笔的金钱都用在了宣传上。事实上恰恰相反，我们有限的预算内没有一分钱是用在宣传上的。我相信衣服本身的品质会是克里斯蒂安·迪奥扬名的原因，更进一步说，关于我衣服本身的秘密造成了人人传颂的效果，即使是那些流言飞语、恶毒谎言也比世界上最昂贵的宣传活动管用。

我的另一个来自格兰维尔的老朋友，谢赖格·埃夫特莱－卢伊什也来到我这里。在时装店开张之前，他就建议过我同步推广克里斯蒂安·迪奥香水，我欣然接受。随着许多其他的老友纷纷加入我的冒险之旅，我欣喜地发现自己很快将成为家乡的受人尊敬的少数几个先行者之一。

我雇的第一个售货员妮科尔·里奥托也是格兰维尔人，她一直就像我的亲姐妹一样。看见这么多老朋友再度聚首真让人高兴，虽然我们要一起面对的不再是年轻时代的野餐、捉鱼冒险、槌球游戏，而是非常棘手的问题。

还有很多售货员在战争期间有着跟我相同的经历，被迫离开巴黎，离开时装界，直到 1939 年，那些雇用过他们的地方还没有被收回来。这些人成了克里斯蒂安·迪奥新店的元老和顶梁柱。带着感动与感激，我要念出她们的名字：伊冯娜·拉热——兼有个人魅力和敏锐的商业意识；苏珊·贝甘——从梅因布彻[①]那里继承了优秀的传统；热尔

① Mainbocher 是美国时装设计师 Main Rousseeau Boche（1890—1976）创立的高级时装品牌，Boche 是 20 世纪 30—40 年代第一位在巴黎开设时装屋的美国设计师。

韦夫人对意大利有着特别丰富的理解；德·塞贡扎夫人和朗西安夫人两位很有社交经验的女士很快就成了非常专业的售货员；最后招收的德·纳巴特女士来自格兰维尔，她在我们第二期招聘的时候从香奈儿那里来到了我们这儿。

找到合适的时装模特儿从来都不容易，而我偏偏赶上了不合适的时间做这事。因为找不到理想中那个类型的女孩，我很绝望，所以决定在报纸上登广告。我简直是太“幸运”了，正巧赶上一项新的法令让巴黎很多著名的妓院关门，不少以前在那里常驻的人都找不到固定职业，这些女士读到了我发的广告后大喜过望，也许在她们的想象中，蒙田大街刚刚谨慎开业的一家规模不大的时装店能够完全洗去她们在墙那边的不体面记录。在规定的日期里，时装店已安排就绪，结果却不可思议地被街上的一大群女人入侵。管理招聘的雷蒙德女士被震惊住了，彻底手足无措。我必须亲自把所有相关的人都看一遍。从图卢兹－洛特雷克开始，我面试了每一个风华正茂的巴黎女孩：她们中的一些真的非常可爱，却不是我要的那种类型。在所有面试者里，我发现了一个可爱又很害羞的年轻女孩，她的资质确实与众不同，名叫玛丽－特雷莎，以前是做秘书的，后来她成了我们最好的模特儿之一。

有了这次教训，我决心不再冒险在报纸上登广告了，而是以其他方法去寻找能参加开幕典礼的五个女孩。最终，在我们的小间里定下的模特儿有诺埃勒、波勒、约朗德、露西尔、塔尼亚和玛丽－特雷莎。这些女孩将成为“新风貌”的诠释者，她们的芭蕾舞式步法将引领时装秀场的新潮，不过这些都是后话。

1946年7月，我已经安排好了所有的事情，把时装店开幕的日子定在了12月15日，而且决定在1947年春天向全世界展示我们的第一个时装系列。离开勒隆以前，我曾与老同事们一起办了一个小派对。至少对于我来说，那是一次伤感的聚会，我得向自己的学徒期告别，恰恰在聚会中，我又接到了一个不幸的消息，它宣告了我无忧无虑的青年时代的终结。我接到电话说我的父亲在法国南部卡拉利扬的家中突然病故了。虽然当时我已经四十岁了，可还是觉得像经历了第二次成长一样。

父母总把我们当孩子，总拒绝接受我们已经长大的事实，对此，我们曾经很不耐烦，但正是让我们很不耐烦的父母，却一直在支持和安抚着我们。直到突然失去他们，我们才意识到这一点。我将再也不是谁的小孩子了，现在轮到我来为那些后来人提供支持和鼓励了。我到了应该走出家庭温暖的庇护的时候了，一个独立而坚强的设计师迪奥就要出世了。

我当然应该尽力给这位迪奥设计师提供一所吸引人的房子，在那里我和他才可能一起分享过去的时光，我想让这间时装工作室的装饰风格有在巴黎的童年时光的色彩，虽然这种风格很久以前就过时了。1900—1914年，在帕西区盖的新房子都完全按照流行的路易十六风格装修：白色的木制品、白色的搪瓷家具、灰色的帘子、镶着方格玻璃的门、有铜质底托和小灯罩的灯。这种优雅又含蓄的风格被丽兹酒店和广场酒店的沙龙保留了下来，著名设计师谢吕的家就是这样装修的。我认为这种素雅但并不简陋的风格能很好地衬托我的时装秀，总体上说这种风格很古典又带着巴黎式的优雅。我决不允许装修的风格堕落为繁复的样式，因为我设计的服装才是整个过程的焦点，绝对不能让装修把注意力从衣服上转移走。

但在 1946 年，我去哪儿找一位能在有限的预算内把我的梦想转变为现实的人呢？我的那些专业室内的设计师朋友都是纯粹主义者，他们喜欢自己的想法胜过听我的意见。我并不想要一个标准的路易十六风格的装修，而是要 1910 年版本的路易十六，可是这些人里的绝大多数都觉得我的想法很愚蠢。

我忆起了维克托·格朗皮埃尔，在德国占领初期，我们在戛纳遇到过好几次，那时他就老说想要当个室内设计师，他的父亲是一位著名的建筑师，他设计的作品包括德·波利尼亚克公主①的住宅、让·德·雷什克②的私人剧院等一系列 20 世纪初的杰作。维克托·格朗皮埃尔在良好的传统教育下长大，而且事实证明，他确实是我寻找的最佳人选。

我送了一封加急信到戛纳，他正在那里度假，收到信后立即赶到了巴黎，开始努力把我简述的混乱想法付诸实践，幸好我们的品位完美相契，而且我们都很乐于重温童年的那些神奇岁月，他创造了我梦想中的“埃勒”沙龙：一切都采用白色和珍珠灰色，水晶枝形吊灯很有巴黎情调，郁郁葱葱的棕榈树比当下流行的怪诞的龟背竹可爱多了。

在完成沙龙的设计之后，维克托按照我的设想装修卖高档松糕的小店，灵感来自 18 世纪的店铺。当他还在工作的时候，克里斯蒂安·贝

① Princess de Polignac（1865—1943），著名艺术赞助人。

② Jean de Reszke（1850—1925），波兰男高音歌唱家。

拉尔这位能给优雅打分的人，蓄着他飘逸的胡须，带着宠物小狗贾辛丝到这里来检阅。他细看了屋子的每个角落，我们紧张地等着他的评价，知道他的评价事关我们的品位与风格是否正确。还好，他给了我们肯定的评价，并提出了很多可以改进的地方，比如用印花图案装饰店铺，橱柜顶上以及其他各个地方大方地摆些散乱的帽盒，帽盒上可以写上我们的名字。这就叫灵感：看起来漫不经心，却给整个空间带来了生气。

在自己的装修方案里陶醉了半天，我还没说过第一次向公众展示自己名下的时装那一刻的真实心情。我必须承认，在我经手的所有时装系列中，自己即将面世的这个系列是最不让我担心、最不让我费力的。那时，我一点儿也不害怕会让公众失望，因为我没什么可让他们失望的：他们对我一无所知，所以也就不会有什么期望。当然，我也要争取取悦他们，但这完全是出于我的自尊心，而不是其他任何原因。我根本没想过要做一场革命性的时装秀，我主要关心的是衣服工艺品质高不高，我的目标本来就是做好一名设计师，诚实与高品质不是目的，它们是本来就应该具备的，可是我怎么也想不到，在这个充满妥协与放任的年代，我一贯的准则竟会成为显眼的闪光点。

12 月 1 日，我离开勒隆，到小城弗勒里昂别尔与我的朋友科勒一家待在一起，他家在枫丹白露森林里，当时正在下雪。我在那里度过了两周，设计构思我的第一个时装系列。虽然俗话说得好：呼吸巴黎的空气，就能嗅到时尚。但是我还是觉得，在都市里学习一段时间之后，在乡间的宁静平和气氛里进行消化，是很有必要的。无数飞驰的画面在我脑中奔涌，我需要迅速地用手中的铅笔捕捉，以免它们稍纵即逝。在作出最后决定前的许多天，我都在深思“新风貌”的基本概念。

在性情上我属于保守派，但不是落后派。我们刚刚脱离贫困，还生活在过分节俭的习惯中，无法摆脱对限量特价书、衣服优惠券的依赖。只有我们天性中的创造力才能改变想象力匮乏的状况。我想某些人一定会说，由我设计的时装系列中，这些费了很多布的礼服裙之所以得到承认并能流行至今，要归功于 M. 布萨克的势力还有他的纺织品生意。不过他们在思考商业支配下的时装变化问题时犯了一个大错：我可以发誓，任何受这种思路支配的时尚产品都没有存活下来的可能，更别说取得成功和发展了。事实上，M. 布萨克在设计方面给了我绝对的自由，这让我很高兴。

1946 年 12 月，由于战争、制服留下的影子，女人们看起来依旧穿得像亚马逊人，而我设计的衣服是献给含苞待放的女人的，衣服要体现绝对女性化的胸、不盈一握的细腰，还要有极大的裙摆。超凡的作品只能来源于精湛的工艺。为了满足自己对建筑艺术以及清晰轮廓的热爱，我想引入一种与当时的剪裁非常不同的制衣技术，让自己的服装变得更时尚，我希望做时装就像做建筑一样。我会让衣服紧合女人身体的曲线，从而吸引人们的注意。我强调出臀部的宽度，让胸部真实地凸显出来。为了让样衣更具风韵，所有的衣服我几乎都加了塔夫绸或细麻纱的衬里，这是对老传统的回归。

想让那些被长久遗忘的技术复苏，就会遇到很多困难，因为团队中的任何人都不可能用过这些技术。随着我展示了自己的设计作品，

VOGUE 杂志封面迪奥“新风貌”女装

以玛格丽特夫人为首的团队也要处理难题。工作在意想不到的困境中推进。我们的工作室地方很小——这儿以前只是个化妆间——这就迫使我们要利用每一寸空地，才不至于胳膊肘互相碰到。关键是，源源不断的服装材料侵占了屋子，我们只能不断地躲，直到发现自己已经在楼梯上工作了，整个房间都弥漫着疯狂的气氛。我们一位很重要的裁缝师，因为精神压力太大而病倒了，成了疯狂工作的牺牲品。在"战争"时期，我们只好让她一位很有才能的下属——莫妮克顶替她的工作，幸亏莫尼克的才能做起这项工作绰绰有余。还有克里斯蒂安，这个系列时装的成功完全是她的功劳。她们甚至自己制成了一套衣服，这是我专门聘请的专家都没能完成的。

我所有的理念和能量都集中体现在我设计的最完美的十九件样衣上，在我周围，在玛格丽特夫人的领导下，裁缝师与他们的下属们重新发现或者说是发明了适当的技术来完成我托付给他们的设计。本来，他们彼此完全是陌生人，但在几周之内，就融成了一支合格的团队。

经营、吸收新人、设计衣服——三重任务让我疲惫不堪，有时候我会筋疲力尽地倒在一大堆衣服材料上，一直以来，这儿连块坐的地方都没有。

我们都在紧张的状态之中。仅有的全部六名模特儿要承受成百上千次试衣，这让她们身心俱疲。一次，一个特别可爱的金发英国女孩晕倒在我的臂弯里，我觉得自己肯定是抓住了她，但她却继续向下滑到地上，而我发现自己竟握着她的……"胸"！这时才想起来，因为我一向推崇这个最代表女性美的部位，所以就要求那些平胸的模特儿都戴上假乳。

衣服材料是另一个让人头疼的地方。那时不像现在，没有质量很高的东西。我要的纱织品就是纱本身，而不是染过的织品。但是我要的所有质量好的东西，对于任何人来说都是极难搞到的。起皱的罗曼缎、乔其纱、软棉布、服帖的平纹单面针织布是塔夫绸、罗缎、高密缎、毛塔夫绸的替代品。

唯一不变的，是时装系列的展示日期不断地逼近。我并没有刻意宣传，而是交给了几个可信赖的朋友，让他们散播我在巴黎的新店的消息。来自上流社会的聪敏的孔特·艾蒂安、德·博穆特，还有拉里维埃夫人、热心的玛丽－路易·布斯凯、克里斯蒂安·贝拉尔，以及我的许多记者朋友：米歇尔·德·布吕诺夫、保罗·布吕诺夫、雅姆·德·科凯，他们掌控着信息传播途径，在公众中唤起好奇心。同时，我在忧虑中有点儿退缩之感，因为大家在我身上寄托了太多希望，我无力满足这么大的期望。

最让我觉得勉强的是：一天晚上，我最终被说服在时装系列正式向公众展示之前先给我的朋友们看看我的衣服。贝拉尔喊着说我创造了一个奇迹，玛丽－路易·布斯凯应和着其他人的恭维声，由于天生迷信，我赶快在四周找了一块木头摸了摸：一切都有点儿太过美好，以至于不像真的，倒显得不祥。

最幸运的是，一次意料之外的宣传：《生活》杂志要为我拍一张照片，为了显示出自然又自信的微笑，我只好反复摆很多次样子。那时我根本想不到《生活》杂志的文章对宣传起到的作用。跟财运是一个道理，管宣传的女神通常把祝福的微笑献给最不对她献媚的人。

到现在为止，我还只是在一间沙龙里匆忙地安排模特儿、裁缝、裁缝师进行排练，然而最重要的还是把排演的服装安排好。我知道，不管怎样，我都不可能对最终呈现给公众的衣服有绝对的把握：开幕那天，这些时装的真实意义会向所有人揭晓，只是这其中不包括实际构思并缝制了这些衣服的人。我决定，连供货商都不能知道样衣的样子，对传媒和我未来的顾客们也是同样保密，这个时装系列的帷幕只能在约定的时间第一次被拉开，即使一直有很多让我网开一面的请求，我也要坚持自己的决定，这大概是因为在我潜意识里，不想让商业作风入侵到我所钟爱的领地中来。

因为意识到在最后一次碰触了这些衣服后，就再也没有机会修改它们了，一股奇妙的平静突然降临到了我身上。对于这个时装系列，我只有一句话想说：我认为它“能办到”——它会完成使命，让顾客愉悦、满意的。

还好，迎接客人的焦虑转移了我对自己时装系列的注意力。装修工作的结束真是个奇迹，之前我一直在抱怨装修的进程超过了规定时间。正如德拉艾夫人预计的，第一个客人进门前，最后的一榔头刚刚敲完。

开幕当天，我到得非常早，在还没铺好的地毯上来回踱步。拂晓时分，整个房子就热闹得跟傍晚集会一样。天亮前的几个小时，卡门·科勒一直在忙着将小房间改造为一个合适的小商店，这里将作为我们的展示店。在沙龙中，拉绍姆正在摆放最后一批花瓶、窗帘以及垂挂的

迪奥礼服设计

灰色绸缎，看起来非常优雅。试衣间里，模特儿们跃跃欲试，所有样衣竟然也奇迹般地从车间及时运来摆放就位了。

十点半的时候，沙龙里挤满了人，首个出场的模特儿玛丽－特雷莎上场展示第一件作品，她紧张得半死，跌跌撞撞完成了第一次表演，吓得直哭，然后再也不上台了。很快，每件样衣都得到了观众认可的热烈掌声。我堵住耳朵，对突然而至的信心感到恐惧，但是从“阵地”发来的一系列捷报证明：我的明星模特儿们——以独一无二的塔尼亚为首，已经取得了胜利。

当最后一件衣服在人们热情的议论声中展示完毕，玛格丽特夫人、布里卡尔夫人和我在试衣间里互相凝视着，大家都说不出话来。雷蒙德带着喜悦的眼泪来找我们，把我们推进大沙龙里，迎接我们的掌声一同响起，有生以来，还没有任何一次成功能带给我超越这次的巅峰感受。

新风貌

很快，公众、媒体、我的销售单一起告诉我，就像芭蕾舞剧《资产阶级绅士》中的主角 M. 茹尔丹不自觉地念出了散文一样，我也在不知不觉中成就了迪奥。

这种风格的新颖与原创得到了广泛的赞誉，这完全是源于我一直对时尚怀着一种真切而自然的追求，而我自己的审美契合了当时的潮流。如果说对绸缎的谈论也为社会注入了哲学和思考的活力，那就容易让某些人发笑，但是我已经在很大程度上对社会潮流负有责任了，大概也有权对自己的成功作一番分析。

我相信，正是因为把艺术的悦人之处重新表现了出来，我才能成功。

回忆战争之前的岁月，回忆那些超现实主义装饰的泛滥——那些有超现实主义室内设计的房子——斯基亚帕雷利夫人装饰衣服爱用的格调。一件晚装可能看起来像个大龙虾。而帽子可能是鞋形或者肉排形的——至于扣子，天知道那是什么形状！什么流行什么就是对的，时尚永远不会错——对于创造时尚，以及追随时尚却通常对它一无所知的人来说，这句话是基本原则。

斯基亚帕雷利夫人以她惊世骇俗的智慧，知晓了如何把时尚前沿推至怪诞的边缘。大概从 1938 年往后，她想做得再过一点儿也不行了，因为有了刚刚开店的巴伦西亚加，还有我作为设计师曾效力过的梅因布彻、罗贝尔·皮盖，他们开始让更为古典的风格得以复兴，但由于其自身的局限性还有我之前谈到过的乍祖风格的到来，战争很快终止了这种自然发展的趋势。直到 1947 年，时装在徘徊许久后，在迎合绘画和诗歌多年后，终于想回归自己的真实用途了：包裹住女人，让她们更美。

在公众看来，我首个时装秀带给人的正是这样的感觉。他们喜欢的是正宗欧洲式的时装而非什么怪诞风格。几年来，也第一次有了做工很好、得体而可爱的服装。1947 年以来，时装不再冒险，回归了基本样式。

你可能会想起来，我的基本目标顾客群是有经验且惯于优雅风格的女性。现在，我欣喜而惊奇地发现，很多年轻女士也愿意尝试新的时尚了。多米尼克·布朗夏尔是个正值豆蔻年华的女孩，在喜剧《贝拉克的阿波罗》里扮演角色时穿着最华美的新风貌时装，我太喜欢她的造型了，简直要用“甜心”来称呼她。这件衣服有紧身上衣和收紧的腰部，八十码打褶的白罗缎几乎延伸到了巨大的衬裙下摆处。

还要提下巴黎的圣日耳曼区，在那里我有幸找到了存在主义者兼歌唱家朱丽叶·格雷科，她能代表穿黑色开衫和紧身裤的年轻人，她以稀有的品位把个人风格和我的设计调和在了一起，从而让新风貌变成了年轻人与未来时尚的标志。

第一个时装系列的成功远远超乎我的想象，从它公开展示的那天起，我的沙龙里就挤满了消费者和媒体的人，为了接待这些人，我必须扩大地盘，以至于占用了一段漂亮的老式楼梯。我没有足够的房间，所以人群会涌到楼梯上。人们为了占得先机，抢着坐在台阶上，就像剧院里那样。我们很快发现，每天都不得不把人请走，所以我们为空间的再利用设置了一套机制，这样就不会让人抱怨我们的管理工作不到位。这套机制还有一个作用：保证公众都能进来，又能从潜在顾客中剔除掉可能是为抄袭而来的人。

我是第一次跟时尚栏目的记者以及专业买家打交道。在皮盖以及勒隆那儿工作的时候，我只是一个设计人员，一旦衣服做好，我就可以从时装系列的忙乱的准备工作中放松下来，消失，然后跑到乡下去享受平静与安乐。但现在一切都不同了，自从那不可思议的开幕式成功举办之后，我被拴在了一堆新的责任上。

当然，我有很多出版界的朋友，像我已经提到过的米歇尔·德布吕诺夫，法国版《时尚》杂志的经理保罗·布吕诺夫，还有在我的职业生涯中曾给予我帮助的《时装之苑》的吕西安与科塞特·沃热尔。当我还是个设计师的时候，我已经知道了《费加罗报》的沙瓦纳以及吉纳维芙·佩罗的大名。每当雅克·布斯凯夫人在布瓦谢尔大街的小屋里举办沙龙聚会时，我就会去捧场，这是著名的聚会点波旁宫的“玛丽－路易的周四”成为巴黎乃至整个世界的庆祝日之前很久的事。在这些日子里，我总是非常害羞，我一直无法真正看透玛丽－路易，因为她总是用那副一成不变的亲和面孔作为自我的保护盾。之后，由于工作、共同的朋友，以及彼此分享喜怒哀乐，才渐渐令我看到了微笑面具之下的真面目，她成了我的密友，并在战前将卡梅尔·斯诺介绍给我，斯诺曾有意邀请我给《时尚芭莎》杂志做设计师。

在给勒隆工作的时候，我认识了贝蒂娜·威尔逊，现在她为《时装》杂志工作，改名为贝蒂娜·巴拉尔。在我的首场秀之前，我还认识了美国权威杂志《女星着装》的珀金斯先生，这份刊物对女性服装表现出十足的趣味，每天五十页篇幅的社论与广告涵盖了跨越整个美国的时尚资讯！我还与卡斯塔涅夫人相识，她主持着法国的时尚“圣经”《时尚专家》，负责纽约方面资讯的露西·诺埃尔也是我的朋友。我还没提到，出版业里的许多权威摄影师、艺术家都与我关系密切。一位设计师与出版界的关系就像恋人的关系一样——那是永无止境的爱情，每一季都有新意，带动无穷无尽的谋划与对策。埃利奥特以一当十，但面对媒体的千奇百怪的要求还是没法应付周到，所以我得亲自出马会见主要的媒体代表。

为了每天的日报能最快地向读者揭示新一季时尚的奥秘，我要亲身参与到残酷的战争中，懂得最佳宣传策略的公司，就会知道如果把样衣公布得过早、过详细就会招致抄袭，继而导致这种风格泛滥。所以我学会了用谨慎的微笑回应草率的问题。我用热诚迎接整个世界，我很愿意看到我衣服的式样在杂志上多次出现，不过如果出现得太多的话，也会觉得反感。当然，假如杂志留给设计师的空间太小，他们也不会满意；如果一本杂志的封面刊登了一款衣服的彩色照片，对于公众来说很平常，但对于业内人士来说却会引起很大的怀疑和不安。因为每家时装公司被刊载的样衣数量、刊载的版面位置等细节都会立刻被竞争对手注意到。这些时装公司都爱怀疑媒体的偏袒性。不管事实怎样，互相竞争的时装公司要不就会为杂志的偏袒生气，要不就会像那些剧作家一样，老觉得受到了冒犯，如此而已！

跟出版界保持了必要的联络后，现在我要面对那些专业买家以及他们的赞助人了。我开业的时间相对这个时装季稍微晚了点儿，许多美国买家在订购了商品后就离开巴黎了。不过，新店造成的轰动效应又把他们吸引了回来，虽然我跟他们几乎没有什么私交，但有些名字肯定也是我熟悉的——马尼安、哈里·布卢姆、哈蒂·卡内基、能荣幸地代表贝雅尔多夫·古德曼的弗朗科小姐和多德小姐、代表邦代尔的莱昂·施默德朗，还有马歇尔·菲尔德的买手卡特兰小姐。

那些在1918年不得不抛下香奈儿和维奥内的买家，在1945年再次把脚步转向了巴黎。但是时代已经变了，他们光顾的大店铺现在不惜亏本，只为爱炫耀的人供应量身定做的衣服。虽然美国时装界已经出现了许多无可置疑的天才，像梅因布彻、瓦伦丁、沙尔利·雅姆以及其他很多只为证明自己存在而活的人，但巴黎时装，很少有能在那儿存活下来的。我知道我们不可能期望像前人那样得到数以百计的慷慨订单，我只是在小心地期盼着那些针对代表新时尚或最容易复制的样衣的订单。

我确实只是个法国设计师，但我知道，全世界女士对优雅的渴望与我们国家的女同胞是一致的。得益于与有经验的同行的良好关系，我很快为加州客户还有里约热内卢的穆斯林设计了印花布，我们努力为过着不同生活的女人们提供她们想要的服装。

即使是在晚上，迪奥之家也很喧闹。能成为世界时装行业的新生力量，我已经实现了自己的初衷，我的时装整天不停地卖！卖！卖！我是多么幸运啊！世界的脚步跟随评论界的先声沿着我的方向前进，英国赶着美国。随后而至的意大利是最好的顾客，这些意大利人编了一个法国与意大利之间根本没有发生过、也不可能发生的时装战争的故事。再后来是比利时、瑞士、斯堪的纳维亚，几季之后，德国、日本也加入进来。

我们的女店员耳朵都不够用了，眼下，零买衣服的客人们蜂拥而至，专业的买家也不知疲倦地挤来挤去，这绝对是威胁工作室发展的致命问题。我立即决定再开至少两家分店，我和M.布萨克都认为虽然盖一个七层的建筑有点儿困难，但还是有必要的。我们最首要的问题就是选址：也就是拆一片旧马舍的事，不过我觉得这可能是那位爱马如命的人这辈子第一次容忍别人有辱他的爱好！

我梦中稍嫌奢华的小房子现在在哪儿？受了名望突然提高的影响,放弃最初的适度原则转而倾向于夸张,这让我有点儿不自在。不过，喜欢成功绝对是人的天性，毕竟劳动的目的就是为了取得成就，所以我也没理由抱怨！我必须毫不犹豫地说：我的全部快乐都因为我的服装得到了公众的赞赏，蒙田大街那个小团队的辛勤汗水，也由此得到了补偿。不过，快乐的背后还存在着我极厌恶的一面：我被公众认可的同时，也要忍受心怀叵测之人的窃窃私语，忍受那些关于我的亦真亦假的八卦。

在与玛丽－路易·布斯凯共用晚宴的时候，克里斯蒂安·贝拉尔用他的方式使我对第一季时装的成就感达到了高潮，贝拉尔画了蒙田大街的一幅粉彩画送我，后来，每一次为时装秀节目送出的圣诞卡片上都会印着这幅画。晚宴中，他在举杯时进行了一番美妙的即兴发言，其中涵盖了他自己人生哲学的精髓："我亲爱的克里斯蒂安，"他总结道，"品尝这幸福的时刻吧！因为在你的人生中，再没有成功会来得如此容易了，明天的生活将伴随着痛苦，你要尽可能亲自越过它。"

当时听到这话时，我并没有领会其意，成功的"毒性"还没来得及在我的血管里发作，不过很快事实就证明贝拉尔的说法从来都不会错。

在最后一个能肆意享受的假期里，我要让身心从几个月以来的疲惫中恢复过来，我启程去了图赖讷，为自己获得自由欣喜不已。虽然那时已经是 1947 年了，法国还要花很长时间来舔伤口，国家看起来依然像处在战时一样，被坦克压坏的路面尚未修补。我无可救药地对一切机器厌烦，所以我从来也没学过驾驶，也从没富有到能雇司机的程度，从来没有自己的车，还好苏珊·卢林提出要帮我，她把那辆华贵的小西姆卡借给了我，因为那时候不允许有私车，所以我的一位朋友自荐开车送我。西姆卡狡猾地做了很多事之后，就光荣退休了，也就是说尽可能待在车库里。我想，这辆可疑的汽车能免于遭殃，是因为它实在对任何人都不值一个铜板：老旧的轮胎、得了哮喘的引擎、因年迈而费力地发出一大堆噪声。每开一百英里，我们就得停一停——有一次，轮胎被刺破了，我们只好停下来重新修补充气。只又开了两个小时后，轮胎的另外一个地方又破了，所以又得修补充气一次。最后，我觉得自己是坐在一辆驰骋着胜利而归的古战车上。

我们就是用这种方式最终抵达了图赖讷，然后无拘无束地过了一个月。谢天谢地，我找到了一个没人认识我的地方，我有了时间写写自传，虽然我从来都觉得写不出什么。我在这个地区的小旅馆间游玩，特别喜欢那里的小厨房，食品的短缺也不能让它失去值得尊敬的地位。过了这么多年的贫穷生活，我确实快忘了享受生活的感觉了。

这真是个美好的假期：我体验着小镇生活，那些教堂、照料得很好的花园，甚至锅架上炖煮的食物的香气都把我融入了对法国的爱。

我徒步走了很多路，到晚上既可以不紧不慢地玩，又能看一些我最喜爱的饱含着回忆的书。不过，每天晚上我还是要给巴黎那边打个电话，保证这些日子发生的事全都知道，随着物价让人眩晕的飞涨——我想我身上流淌着的诺曼人的血脉从不能让我真的把工作完全抛在脑后。

再快乐的假期也肯定有结束的时候。西姆卡在杜尔当塔耗尽了她最后一口气，所以我们租了辆车回巴黎。现在克里斯蒂安·迪奥又要以公众形象示人了。他本人被从不同角度拍下的照片代替了，我冷静地反省了一番，觉得成名就要付出代价：除了我厌恶所有商业行为外，我的造型也有点儿对不起大家，一个受过良好教育的绅士应该穿着巴黎人偏爱的中性色套装，而不是流行的观念中那种打扮成花花公子或是柔弱的女装经营者的样子。

为了不让公众失望，我是否应该改变自己？也许我应该让作息更规律，不仅改正贪吃的习惯，还要改掉一切让我觉得活着就应该及时行乐的事。

法国巴黎迪奥总部大楼

我怯懦地拔出了扣眼中的花儿，吩咐裁缝为我多做些套装，我把自己交到按摩师手中，然后马上就把工作计划抛到脑后。我认清了梦想与现实之间的鸿沟，为了疗伤，我缩回到自己的壳里，那里很适合我，让我在很多年里都感到非常舒服。

我正在筹备第二个时装系列（冬季系列）时，收到了来自美国的时装公司内曼·马库斯的信，邀请我去得克萨斯州的达拉斯领取一尊奖杯。做这么一次旅行的主意听起来就像是从世界尽头发来的，着实让我受惊不小，我的第一直觉就是马上拒绝。但想要了解美国人对迪奥时装的想法又让我觉得很难抗拒。我最大的买主就是美国人，而且我也愿意看到美国的女士们在本土能穿上我的服装。重读了一次信之后，我了解到这个时尚界的奥斯卡奖在战时已经设立了，并且这是第一次把奖项颁给法国设计师，而我是以处女作赢得这项殊荣的。

好奇心和自豪感还不足以让我跨越大西洋，真正鼓励我的是，通过这个奖项能体现法国时装的复兴。再次强调巴黎在时装界由来已久的至高地位是我的义务，同时我这次也是代表我的国家、我的同行。

在展示第二个时装系列之前，我是不能放心出发的，所以我要加倍努力地工作。贝拉尔的预言鞭策了我，没有让我惧怕，反而激励我攀登新的高度。这次的服装系列会很狂野：有很宽很长的裙子，把新风貌推向极致。裙子很费布料，而且延伸到脚踝，女孩子们会真实地感觉到自己穿得像童话故事中的公主。时尚的黄金时代将会再次降临。战争已经过去，眼下不会再打仗了。重量感是依赖华贵的衣料？抑或那些厚重的天鹅绒与锦缎？如果心里是轻飘飘的，光靠织物的质感是压不住的。从标榜俭朴的日子过来，华贵还显得太过突兀。

我们为成功而昏眩，险些在完全无预感的情况下酿成大祸：系列中有件朴素的粉色羊绒衣，被命名为“棒棒”（Bonbon），它的剪裁用到了制作“花冠”款时装时的新技术。这件衣服引起了轰动，部分原因是它很漂亮，但更重要的原因是我们在估算这件衣服的价格时出了错，成本是固定的数，而我们报出的价格则远远低于制作成本。顾客们当然不会管什么错误。在他们眼中，那就是件特价品。破产近在眼前，衣服做得越多，我们的损失就越大。还好，我们还有挽救的余地，这次灾难没有动摇企业的根基。

人们在谈起克里斯蒂安·迪奥之家时就像谈埃菲尔铁塔、康康舞一样，把它当做能体现巴黎魅力的确凿证据，而忘记了这家公司实际上才成立了六个月。想起这事，我现在还经常会笑。

这一切都发生在天赐的1947年。在1937年，人们还崇尚鳄鱼皮，崇尚艳俗的斯基亚帕雷利，那是个危机四伏的时期。十年后，不用再担惊受怕了，我希望人们永远能伴着新风貌起舞。战后，由于鼓励举办舞会，克里斯蒂安·贝拉尔组织了“浮华舞会”，人们头上装饰着用世界上最雅致的天堂鸟、鸵鸟、鱼鹰的羽毛做的头饰，“鸟儿舞会”随之而至，这些奢华羽饰的面具遮盖着人们带着神秘气质的可爱面庞。

孔特·艾蒂安·德·博蒙特希望能恢复他那因战争而终止的著名舞会。他重新把乐室的门敞开，举办了“国王舞会”，参会的巴黎名流都要顶着一个纸制王冠，从达戈贝尔国王，到黑桃、红桃皇后、路易十六的王后玛丽·安托瓦妮特还有示巴女王。玛丽－洛尔·德·诺瓦耶也参与了扮演的挑战，在“月球表面的洞”[①]，人们以著名的法国喜剧演员雅克·塔蒂的方式，扮演着这些短命的王族。美国大使和他美丽的夫人也来了，我也是个凑热闹的常客。

人们陷入狂热，每个人都想为朋友们举办特别的舞会，无论是在巴黎，还是在乡村，在埃菲尔铁塔上，还是在塞纳河的船上，只要地方足够有创意，又能跳舞就行。国外的朋友也涌入巴黎来拜访我们，巴黎再一次属于全世界了。阿图罗·洛佩斯·威尔肖还有他的妻子就像生在巴黎的人一样，把他们在塞纳河畔讷伊的漂亮房子重新开放。新面孔——一个葡萄牙年轻人有了个好主意，他在德利尼挖了一个游泳池，只为了让宾客们享受到威尼斯的气息。游泳池被鲜花围绕着，就像个梦中的湖。燃烧的烛台、巧妙的西班牙一摩洛哥风格的木雕，让我想起威尼斯总督府。穿着化装舞会服饰的客人们仿佛歌剧中的演员在如梦如幻的拱廊下穿梭。

德利尼宴会中跳的舞蹈，是多年后夏尔·德·贝斯特古在威尼斯豪华的拉比亚宫举办的舞会的舞蹈的灵感来源。这是我见过的最壮观的场面！宾客的盛装与提埃坡罗（Tiepolo）的壮观壁画交相辉映。大群欢呼的人围在宫殿周围，与客人们混在一起，互相致意。意大利夏夜的魔力意味隽永，让时间停驻。

我该怎样表达对这些款待的感觉？在鄙视奢华和全部娱乐的观念流行的年代，我不知该怎样面对贝斯特古的舞会带给我的自豪感，那

---

① 法语原文 Trou-sur-Lune，可能是某个聚会地点。

样一个舞会是天才的艺术创作：虽然大众可能会对其无可争议的奢侈感到不快，但它作为美好与重要的历史被写进了我们的时代，它赋予了流行娱乐文化以实在的依据。

欧洲厌恶了那些弹药，现在它只想要烟花，这种病愈后的及时行乐状态，还没达到1920年我因太小而没有亲身体验的那种狂乱的程度。不过可以放心，黑市商人的粗俗聚会已经逐步被一个开明社会以更优雅的娱乐方式取代了。克里斯蒂安·迪奥之家得益于这股乐观主义的浪潮，让一种理想的文明得以快乐地复苏。

日本东京迪奥总部大楼内部

我坚持用“快乐”这个词，因为我相信阿方斯·都德（Alphonse Daudet）曾经写的：他想写一本书，使自己成为“快乐的家伙”。作为谦逊的设计师，我追求的目标是一样的。我的第一批作品里，有的叫“爱”，有的叫“温柔”“快乐”。女人的直觉会告诉她们，我的梦想不仅仅是让她们更美丽，而且还有更快乐，所以她们会支持我。

在凯歌高奏之时，还有一丝阴影在我心中，我抛弃了人生中很宝贵、很完整的一面，今后，我只能全心投入设计师克里斯蒂安·迪奥的角色。在巴黎那个辉煌的时装季中，我成就了他的一部分，在之后的旅途中，我将迎接命中注定的新人格。

前往未知的美国

虽然我家人对预言家说我会远游的话很不屑，但从一定程度上说，这事在 1947 年还是实现了。此前，虽然我在 1931 年去过一次俄罗斯，但还是没踏出过欧洲的边界。要去得克萨斯州的达拉斯，我就要漂洋过海，抵达新世界。

我决定把这件事做彻底，把美国好好周游一遍，可能在现在这个很轻易就能进行远途旅行的时代，这听起来并非什么特冒险的行为，但我那时还是感到惴惴不安。首先，我虽开始发自内心地接受自己作为时装设计师的身份，但对该怎样胜任还知之甚少，很多人给我介绍的美国很不一样，我都不知道应该相信谁了，不过这种极端的神秘感也让我兴奋不已。

摩天大楼、壮观的大峡谷、尼亚加拉大瀑布、汽油泵、大沙漠，美国隐于这混杂的外表之下，我还得知真有个地方叫做“南方腹地”（无意中从电影、杂志明信片上看到的说法）。美国到底是什么样的？我耳边响起了那些口号：“好莱坞的电影制作者还有明星代表不了美国”，“去了欧洲的美国人都不是真正的美国人”。巴黎的旧友，像诗人阿奇博尔德·麦克利什，还有音乐家、评论家弗吉尔·汤普森，都不具有典型的美国人性格。有人告诉我，我可能会遇到的那些美国富豪的守旧样儿就像还活在《乱世佳人》的时代。地理上的概念并不能帮助我们认识真正的美国，就像我们每个人都知道，正装里包着的人究竟什么样是看不到的。

我脑海里逐渐形成了一个巨大城市的图景，那里居住着一个全新的民族，有不可知的性格以及习俗，这样的想法太没根据了！为了重新打起精神，我开始想象那些从容的老的时尚元素，他们几乎从不让人失望。我对斯坦贝克和海明威不大了解，也没啥兴趣，还是更喜欢查理·卓别林、保罗·穆尼①扮演的匪徒形象、保罗·怀特②以及玛丽·璧克馥③；我甚至追溯到费尼莫尔·库珀④去寻找一个更让我感到踏实的

① Paul Muni（1895—1967），美国演员。

② Paul White（1889—1938），美国演员。

③ Mary Pickford（1892—1979），美国演员。

④ Fenimore Cooper（1789—1851），美国作家。

美国。

用这些思想武装了自己之后，我就跟朋友们告别了，那样子就像要去北极探险。怀着一颗忐忑的心，九月初我登上了伊丽莎白女王号，随行的当然还有我数不清的宝贝行李。

这是我的第一次远洋，伊丽莎白女王号停靠在瑟堡港，她给我的印象比勃朗峰还深。虽然这种邮轮都带有穷奢极侈之风，但我还是马上就喜欢上了她，我有个大间，还赶上个讨人喜欢的服务员，我还喜欢这艘英国造的船上弥漫的英国味儿，虽然我很难像喜欢本国生活方式那样喜欢别国的生活方式，但我也爱英国的传统、英国的礼节、英式建筑，甚至英国的烹饪。我狂恋约克夏布丁、肉饼、鹳鸡，尤其钟爱英式早茶、粥、鸡蛋、培根。

以前我的确从来没有过如此愉快的越洋旅行。船上的旅客包括伊万·帕采维奇、亚历克斯、塔蒂亚娜·利伯曼，还有贝蒂娜·巴拉尔，出发时我对他们中的任何一位都知之甚少，不过当我们抵达纽约的时候已经成为了知心好友，我实在想不出有比这四个人更适合给我介绍美国的人了。在这个愉快的圈子里，我的羞涩感很快就融解了，时间转瞬即逝。

我发现自己原来对邮轮上的生活的想法是完全错误的。晚间，没有孤傲莫测、身披紫貂皮的异国美人出来露一小脸，但挂着女王正式肖像的休息室中倒真有赌马和彩票活动，参加的人无疑都是些又老又笨的富人。早睡是他们的固定习惯，他们对伊丽莎白女王因袭的威严最大的让步就是穿着古董一样的无尾或燕尾礼服。

我个人是不会因为缺乏娱乐精神而烦恼的：我和圈子内的朋友们享受着免费的日光浴、桥牌，还有不可不说的关于纽约的八卦。不过，当第十五天黎明时分纽约出现在灿烂光辉的地平线上时，我想关于它的一切问题，还是它自己最有发言权。

一点儿一点儿，另一个世界——全新世界的第一块基石升出海面，庞大的城市矗立在基石上，一切依然笼罩在黑暗中，但那些“巴别塔”的塔尖已经镀上了一层金色。美国人对生命的热爱以及民族自信心被这些“方尖碑”完美地传达出来，我完全忘记了自己出生的古老大陆，我自己国家的埃菲尔铁塔当下想起来是多么遥远啊。

我被俗事——我的行李、票、签证——召回到现实中来，汽笛宣告着登岸的时刻到了。我对穿制服的人都有一种又敬又怕的感觉，不论是公园管理员还是瑞士卫兵，我徒劳地表示了无数次自己是清白的，但还是要面对移民局所有关于偷渡罪的入境检查，我的脑袋被这臭名昭著的严查搞得嗡嗡响，还要再回想在巴黎时已经被问过的那些问题，我被迫按了指纹。

他们翻开我的口袋，搜查里面的护照、海关表、入境卡、行李牌、疫苗接种证书，这些证件从我手中消失了好几次之后，终于全部回到我手上了。我找到了自己该排的那队，在队伍向前缩进的过程中我又坐下起立了二十五次，之后终于有一位戴金丝边眼镜的绅士冲我的第二十六号座礼貌招手了，他带着一种不祥的沉默接过我的一堆单子，翻看每页时，都集中精力检查每个能想到的细节，还问了我打算在美国待多久。最后，他以一种莫名的眼神打量着我，说道：“哦，这么说你就是那个设计师，为什么设计那么长的裙子呢？”

我意识到，我的身份终于被确认了，令人惊讶的是，移民局官员居然私下里还会对裙子的长度感兴趣。我用蹩脚的英语回答说，我设计的裙子并非总那么长，然后我起身离去，庆幸自己这么容易就过关了，看来“新风貌”就是我最好的通行证。

现在，我要开始伺候我的行李了，因为那些服务员搬行李的样子，就好像要把它们扔到海里一样。我在长廊上迷了路，当许多大喇叭开始一起广播我的名字时，我觉得更晕了，为了不至于惊慌失措，我深深吐了口气。“迪奥……迪奥……”巨大的响声在我耳边回荡，“谢天谢地，”我哀叹着，“他们终于找到我了。”

然而我并没有得意多久。刚一被认出来，我就被这帮记者拥进了餐厅，我完全没明白怎么回事，就不得不面对一场即席的新闻发布会。这是我第一次面对这种可怕的情景，虽然后来这些年我已经习惯了，但当时的感觉就像被推上了被告席的罪犯。而且没容我开口说话，闪光灯就对着我乱闪。我被控的罪名是企图掩盖美国妇女神圣的大腿，而且要我当场进行自我辩护。移民官员一副视而不见的样子，毫无善意！幸亏我的诺曼底人特有的机警挽救了我。我一面假装英语不流畅，一面竭力搜寻带有同情的面孔。恰在此时，就像电影里那样，一个人拨开人群走上前来，向我张开双臂。

危急时刻，这位从天堂下凡的救星正是尼古拉·邦加尔，我一个有二十年交情的朋友，他跟美国女孩结了婚，战后定居纽约，与让·施伦贝格尔一起开了一家高品位的珠宝公司。他对美国很了解，而且无疑对我的处境完全明白，所以不畏权威，来到船上帮助我。因为得到了援助，我重整旗鼓，开始回答那些连珠炮一样的问题。

我在纽约的头两天是走马观花度过的，城市刺激的气息让我忙乱不堪，尽可能一直瞪大双眼，这样就不会错过任何一个会给我留下深刻印象的场面。我以前就说过，机械的东西就像一本拒绝让我阅读的书，但在纽约，一切都是机械的，我不得不面对并适应这一切。

美国人的热心肠不是杜撰的，我跟所有的外国人一样得益于这种热心，且对此非常享受，热心和友情是我生活中不可或缺的两样东西。我很快就跟昂热尔夫人相熟了，我们是同一种人，而且她对我也很照顾，是我的良师益友。后来，她在纽约的迪奥之家扮演了非常重要的角色。我还结识了爱德华·马库斯，他是公司安排接待我的人，他和他妻子都成了我的好朋友。

迪奥女装设计

之后，我启程去了达拉斯，对这样一个浪漫的名字，我不知道应该怎样遐想。实际上，达拉斯是个由摩天大楼组成的大方块，高楼环绕一个广场而建，教堂、市政大楼、学校、旅馆的布局就像个典型的法国村庄，只不过所有建筑都高出二三十倍。这些摩天大楼里尽是各种办公室和银行（当然也包括数不清的石油公司）。大楼被住宅区包围着，这些建筑风格统一的住宅都很可爱，房屋之间隔着绿色的草地，还有修剪得很好的花园。

但是，如果仔细分析就会发现，达拉斯最奇特的地方，就在于它建造的核心是基于一家很棒的商店，全美最奢华的商店。这个非凡的创造，是来源于内曼·马库斯一家的天才想法——把最贵的东西卖给最富有的人。欧洲的读者可能会奇怪，内曼·马库斯的一家店铺怎么会让达拉斯在全美出名呢？其实，就像在法国，某个小村子因为某种美食特产而出名，也是一个道理。

我不是独自抵达达拉斯的，同行的还有一位法国向导安德烈·雅内，他在美国住了很多年。他的任务就是让我旅行顺利，好好度过在达拉斯的时光。他先跟我说，好莱坞的著名时装设计师艾琳，还有意大利著名的鞋子设计师萨尔瓦托雷·费拉加莫会跟我一起参加奥斯卡颁奖典礼。有这些人跟我一起领奖，我觉得紧张情绪得到了一点儿缓解。但雅内随后的话又让我的负担翻了一倍，他说我要在三千人面前站在一个金色的讲台上领奖，为了表彰我对时尚界作出的贡献，给我颁发的是一枚镶在乌木板上的银牌，然后我还要用英语作一小段发言！达拉斯已经非常热了，但是当听到这个消息的时候，我还是觉得浑身冰凉。

那天夜里我睡得很不好，不过醒来后我发现了令人欣慰的好东西——我的早餐，它成了我之后旅途中每天必吃的东西：一份三明治、冷火鸡，还有我最喜欢吃的按照弗吉尼亚风俗用糖加工过的冷火腿。

我狼吞虎咽地吃完，然后要站起来喝点橙汁以免噎到，因为没有啤酒可喝，我还喝了冰水和冰牛奶。

晚上 9 点，在让人发晕的鸡尾酒派对后，我终于能坐下了，不过是在镀金的讲台上，面对着之前说过的那三千位嘉宾而坐，马库斯店的中央大厅是金色的，用挂满果实的橘子树装饰成了希腊女神赫斯珀里得斯（Hesperides，希腊神话中看守金苹果园的四姐妹）的花园。当管弦乐队开始演奏时，身着我设计的服装的模特儿排成一行走来。当天下午晚些时候，我疲于让提问者们相信，做出有魅力让人耳目一新的晚礼服的方法是很好地把胸部曲线展示出来，那时候玛丽莲·梦露还不出名，所有人看我的样子，就好像我的说法犯了一个非常低级的错误一样。

像出席奥斯卡颁奖典礼那样关键的时刻降临到了我身上，同伴已经领完奖了，我是个特殊的牺牲者，被留在了最后。当 M. 费拉加莫领完他的银牌，我的灵感取代了恐惧，我有什么可紧张的！——我，一个从巴黎来的外国设计师，别人把我想成什么古怪的样子又能怎样？就像乐于玩角色扮演的游戏，今晚我决定冒充一个名叫克里斯蒂安·迪奥的人，这个设计师半句英语也不会，要用蹩脚的话完成演讲。整个屋子的人狂笑不已，都为我走下讲台而松了口气。我并不为自己感到难堪，这种扮演的热情一直伴我游完美国。

我非常不舍地离开了达拉斯，马库斯一家想把对我的官方访问改为一种非正式的、基于个人好感和友谊的拜访。这代表了大多数美国人的优秀品质，他们会很自然地忽略掉商业上的关系，而用让人温暖的诚挚友谊待人。

第一章
克里斯蒂安·迪奥之家的诞生

现在，我已经准备好到一个一直让我更感亲切的地方——加利福尼亚去，那儿是美国的人间天堂，也是很多欧洲人的梦想之地。我向往那里永远温暖的气候、永恒的阳光、繁茂的树、花儿，被太平洋的最后一浪拍打着的广阔沙滩简直比里维埃拉（南欧沿地中海一地区）还美。我还准备好了迎接洛杉矶的电影明星，迎接贝佛利山那梦中的奢华。我想起了地中海沿岸的戛纳还有波托菲诺的生动景象，相对于这种人造的伊甸园，亚利桑那州有超越我想象的蛮荒：宏伟的峡谷、月亮下的群山、石林……让我想起了萨尔瓦多·达利:他的画里有同样的悬崖，他用色谱里的每种颜色画太阳，使它看起来就像凝固的彩虹。

我这想象中的画面该告一段落了，路易斯安那州还有太平洋海岸跟我想得完全不一样，海是白色和绿色的，不是蓝色的，村子也不漂亮，是用层层的铁和木头堆成的。一串串汽油泵，还有难看的别墅排在道路两旁。洛杉矶是个好听的名字，不过我要负责任地说，任何法国人都不可能按照这种逻辑盖房子，这样规划建城镇，也不会被这种看起来一点儿也不简洁的占地五百平方米的巨大团块建筑骇住。

洛杉矶虽不是克里斯蒂安·迪奥想象的那样，但也有某些地方符合了他的期望——媒体见面会、没完没了地逛商店、害死人的鸡尾酒、聚会午餐、时装秀，还有大量的匿名信，内容针对“解放胸部”、丰满的臀部、长裙子——总之，就是对新风貌的仇视。我泰然自若地对着一连串的闪光灯，我微笑、挥手、喝橙汁，对自己在达拉斯创造并一直扮演的角色越来越有信心了。

相反，贝佛利山倒是比我想象中的要平和些。大多数电影明星都外出度假了，小镇很安静。在门德尔夫人的引荐下，一些可爱的影星在他们漂亮的家中热情款待了我。在这里，我和两位法国影星勒内·克莱尔还有他的妻子布罗尼亚尔重逢了，他们给我带来了来自遥远的法国的气息。格罗夫斯和简·马尼安是我很少能发现的真朋友，他们带我去看了20世纪福克斯的电影，我的人离开“梦工厂”时，心却再也离不开那里，这两位幸运之星把我带进了时尚界更广阔的空间。洛杉矶不合我的口味，加利福尼亚的乡村却给了我乐趣。绿油油的橘子树和柠檬树——这像是在诺曼底、坎帕尼亚区（意大利南部的行政区）还有巴斯克（位于比利牛斯山脉西部，比斯开湾沿岸，西班牙的一个自治区）。

迪奥广告

我觉得美国西海岸就像瑞士那样分为两个阵营，瑞士人分为巴塞尔派和苏黎世派，美国人分为旧金山派和洛杉矶派。要我说，我就是一个旧金山派。这个城市三面环水，山坡上散布的房子被刷成粉色、浅绿色、黄色，有条特别让人眩晕的桥跨越海湾，这个地方兼有那不勒斯、伊斯坦布尔、中国，还有游乐园的各种风情。这里最大的特色应该说是带台阶和缆车的街道，倾斜了一至三个梯度，太陡了！汽车前进和倒退起来就像是在俄国雪山上滑雪橇。我之前说过没，我喜欢这儿的最大原因是它像个游乐园。在童年记忆中，让我眩晕的铁路和水槽本来是我不喜欢的，但是对旧金山的喜爱，居然让我爱上了那记忆。更何况，这里一年四季的温度都像有空调控制一样舒服，又清新又滋润。

一大群人在机场迎接我，而且还有一大堆邀请等着我，可怕的是，我不知道怎样才能不冒犯他们，怎样才能取悦每一个人。在一家俱乐部里，他们给我一把代表这个城镇象征意义的装在金盒子里的钥匙，这时正有一大群人在另外一个俱乐部里等我，为没看到有我参加的这个典礼而沮丧。

旧金山有类似意大利那样的轻松快乐的气氛，这就让一切混乱的东西渐渐变得有条理起来。我利落又不失诚意地处理好了所有强加给我的关照，不论这关照是出于好意还是商业目的。然后，我解放了，开始去探究这个城市的全貌。

逛唐人街的时候，漫步在看不懂却又很诱人的漂亮招牌间，我喜欢把自己当成一个中国人。有些店铺对我有着神奇的吸引力，它们应该能让18世纪科学爱好者们的壁橱熠熠生辉：美人鱼、蘑菇、巫师的蛋、鲨鱼的鳍、曼陀罗草的根——所有这些都是为炼金术士准备的。山顶上，在铺满黄色和绿色的壁画的小教堂里，我是一个西班牙人。在码头徘徊时，我是一个那不勒斯人；走在海湾尽头的地方，参观那里的柯罗与奈提尔的画展，我又觉得我是个法国人了，因为举办那个展览的军团荣誉酒店（hôtel de Légion d, Honneur）简直就跟法国的一模一样，门口还写着“国家荣誉”（Honneur et Patrie）呢。

旧金山带给我的乐趣还不止于此。因为逗留时间太短，不免有些遗憾，后来，一些去了旧金山的法国朋友跟我描述了那里的艺术史博物馆的整个情形，那儿把我的许多样衣作为永久的展品。

我从旧金山乘火车去了芝加哥。这是怎样的一列火车啊！单间简直就像皇宫府内一样舒适，但也像医院的房间一样压抑，而且还有一点让人很烦，火车重量不够，所以没完没了地颠簸。我在加州壮丽的风光里晃荡着，这景象跟我熟悉的强盗片还有辛克莱·刘易斯的小说描绘的一样。我正在为又一个无聊的新闻发布会做准备，幸好，我已经认识到了这种滑稽的互相考验的有趣一面，你会被迫去思考那些不经自省就做出的行为；面对毫不掩饰的粗鲁，人可以发展出一种新的礼节。游戏的规则就是，你要客气地回答问题，而且须像提问者期望的那样回答。但凡出现一点点为难你的迹象，你就转移话题。这也是门有关行动和语言的幽默的艺术。

全世界提的问题都一样，他们会问你：

“这里的女人是全世界最漂亮的吗？”我总是回答说，法国女人也不错啊。

“裙子多长算合适？您设计的下一季时装的风格是怎样的？”对于后一个问题，我总是很无辜地回答：我真的是无可奉告。多数情况下这是实话，不过即使有时不是实话，也是很好的婉词。

在这列让我很郁闷的开往芝加哥的火车上，我编着笑话，练习讲话和举止。一切准备好后，我就可以等着列车进站而不至于太过焦虑了。当我看到那些采访者时，不免惊讶，因为我自己刚刚摆脱的焦虑又出现在他们脸上。他们拥着我走向等候我的汽车，直到车门关上，负责保卫我的人才松了一口气，就好像我们刚刚摆脱了追捕。接待的人解释道，因为火车晚点，那场不能回避的时装秀已经开始了，我要赶快换衣服。

事实上，美国人跟传闻里的很不一样，他们是世界上最闲的人，我真不明白他们为什么这么催我。直到我受到了接待，才知道是怎么回事，这个大厅拥挤得跟车站差不多，一群不折不扣的被解放了的妇女舞动着牌子，上面写着：

“打倒新风貌”“烧死法国佬迪奥”“克里斯蒂安·迪奥滚回家去”。

我这位新时代的俄耳甫斯也不知是怎么躲开这些暴跳如雷的女人的，警卫想要掩护我，但这些防范措施都是不必要的，我镇定的样子就是对自己最好的保护。我不知道她们对迪奥的怒气是从哪儿来的，换成一个迷人的男孩也许会得到她们的宠爱。不管怎样，我平安从大厅穿过去了。我的典型诺曼底人的外表没有引起任何注意，虽然如此，我还是有点儿小小的受挫感。

在芝加哥，我可以利用空闲时间无拘无束地漫步，前提是我不能被认出来。我要坦承自己的观点——虽然纽约和波士顿的知识分子，还有大多数到美国旅游过的欧洲人可能不太认同我——这座城市的神奇活力来自于巨大的反差，在这里，最惊人的奢侈与最骇人的贫穷毗邻。宫殿、摩天大楼、银行、密歇根湖畔的私人住宅构成了一道完美的屏障，一旦戳穿这层保护，我们就会看到芝加哥的真实面孔。这里是唯一一座真的像电影和小说中描写的美国的城市：建筑外墙上的铁梯、高架桥、多彩的霓虹灯、落满灰尘的窗户、街道上的各种小团体——从希腊人到波兰人再到列特人、匈牙利人。肉罐头工厂的烟囱里吹出的灰，给所有这一切都蒙上了一层薄纱。这才是原汁原味的美国，是对这个国家灵魂最真实的表现。

芝加哥，虽然恶名远播，但也是世界上最富诗意的城市之一。别的不说，就说这里有家博物馆，收藏着全世界最好的印象派画作以供敬仰，作为一个法国人，看到这些杰作没有被放在它们被创作出来的地方，却流失到这里，是很痛心的。因为我们自己的博物馆缺乏主见，加上画商的贪心、公众的不理解，结果就是我们被剥夺了在本土欣赏这些作品的权利。

离开了匪徒之城，下一个就是模范城市——华盛顿了。我怎么能不赞美这个城市呢？因为它有出于法国人之手的凡尔赛的样子。欧洲人还有些美国本土的游客都认为华盛顿的气氛是拘谨、严肃的。我私下里也这么想，虽然受到法国使馆的博内大使及其夫人的款待，但这种客套显得有些距离感。带着不那么严肃的态度去观察外交界是挺有意思的。此外，我特别欣赏那些闻名于世的华盛顿主妇，她们能用全美国的八卦把专栏填满。这些女士全身心地投入这个以民主为傲的国家，是真正的女王。

从华盛顿的帕拉迪奥风格大理石廊柱，到马萨诸塞州和波士顿的彩绘木质廊柱：穿越新英格兰——美国最古老的有着悠久文明的土地，感觉真好。在波士顿，我又重新找到了我所爱的英式生活，还在那些耀眼的博物馆、大学里花了很多时间。在法国故意搞得很朴素的校园里，那些游手好闲整天被谴责的学生们是无法想象这里的舒适与美丽的。

最后，我又回到了纽约——我旅程的起点和终点。来的时候，我只是匆匆看了看它。我就像驾着车轻巧地穿过巴黎的普通美国人一样，不可能对城市有更多了解。我很愿意去寻访那些在战争期间移民落户到这里的老友，他们教会我认识、理解、爱上纽约，从那时起我又来过纽约二十次，现在这里已经是巴黎以外我的第二个家了。

我首先认识到的是：纽约，这个世界第一大都会，实际上只是个村子。这个村子严格按照地理方位划分为二十个街区，有五家旅馆、三家餐馆、四家夜总会。只有在这儿，才会找到组成纽约的那三百人。去哪里都要坐汽车的问题让人无可奈何，每天都要对着这些汽车，它们在人行道上徘徊就像是巴黎人在林荫道上漫步一样。如果你因离开了第五大道还有公园大街而迷路的话，那就算是离开这个村子了。你很可能马上会有迷失在黑人住宅区、商业区、西区的危险，有些很可爱的房子坐落在这儿，不过可惜，没人希望住在这些地方。当然，住在布鲁克林区是绝对没问题的，那里离城里的实际距离不远，但显得比康涅狄格州、长岛这两个“咖啡馆派”[1]的定居地还遥远。

---

① 原文 Café Society：美国禁酒之后，非法地下酒吧却有三万两千家。一种新的生活方式出现了，光顾这类酒吧的有上流社会的绅男仕女、地下社会的老大老幺、追求时髦的摩登男女和来自各地的淘金女郎。所谓的 Café Society 诞生了。

迪奥女装设计

纽约的“咖啡馆派”就跟英国的“酒吧派”一样奢侈，这些人通常都是在之前提到的那五家旅馆、三家餐馆、四家夜总会活动，从不在第五大道、东河到接近四十五街、五十街围绕的三个区域以外会面。这些边界实际上都有很明确的界定，恕我不能表述清楚，很多东西记不清了。严格的边界把“咖啡馆派”封得比中国紫禁城里的皇帝或者梵蒂冈的教皇还严实，他们生活在摩天大楼的阴影里，就像法国的村民生活在集市的树荫下一样。金融家们每天都在华尔街上来来往往，精明的女人们每周末都会去长岛或者欧洲，但他们的私生活只限于这个秘密的范围里。忠于这种生活方式的结果就是，你总会在相同的地点发现相同的面孔。你习惯了他们，他们也习惯了你，然后你很快就会因为被接纳而感到快乐。

虽然跟咖啡馆派相处得很愉快，但我还想更深入地了解美国人的生活方式，这种知识是一个生活在 20 世纪的人所不能缺少的。当我的旅行接近尾声时，我有了一种说不清的感觉，觉得无论如何自己某天会再次回到纽约，有所收获，在这理想的黄金国赢得自己的一席之地。我这种模模糊糊的愿望在 1947 年的欧洲人中间很普遍——插一脚到美国，同时另一只脚还踩着旧世界。随着时间的推移，我发现自己不可能长期住在远离自己国家的地方，不过换句话说，重游纽约的乐趣永远都有。

法国人通常把纽约描绘成摩天大楼和纵横交错的马路混合在一起的景象。其实，这座城市包含的几何形状是变化无穷的，这些几何形状存在于空间里，是立体的而非平面的。城市最显著的特点就是极高与极矮的房屋并置，富人区与贫民区形成鲜明对比。似乎没有人对这种需要过渡的感觉有什么意见。对老式家具的喜爱使我来到了老街区，探究一下格林尼治村[①]，它之于纽约，就像蒙马特、蒙帕尔纳斯之于巴黎。徘徊在街头，道路经常引我到西区，周日早上我甚至走到了华尔街，这里悄然无声，厅堂空寂得如安息日里的大教堂。在纽约，能打到车是百年不遇的，比起世界上其他地方，这里的人要走更多的路。

现在我可以谈谈那个被问了千百次的问题了，而且我也非常清楚，读者们正在等我回答：

“你是怎样看待美国女人的？”

我的回答可能会让你又惊讶又失望。那些好莱坞展示给我们的苗条的金发女郎，与她们的欧洲姐妹没有任何本质上的区别。当安德烈·西格弗里德在战后回到纽约时，他惊讶地发现，再也找不到那些让人怀念的带着演员气质的壮硕的美国丽人了，那一切都属于上个世

---

① Greenwich Village，与著名的伦敦格林尼治皇家天文台无关，这里指的是纽约曼哈顿下城西区十四街至西休斯敦街之间的区域，亦称“西村”（West Village），在斯诺的时代是美国现代艺术的中心。

纪末了。“从那时起，美国女性的体型变了。”他总结道。事实上，在1947年，旧世界与新世界的女性之间还存在着一条重要的差别，虽然在这之后这一差距显著地缩小了。1947年的美国女人都拥有闪闪发光的新便士。她们的服装不能穿错，她们留着无瑕的头发和指甲，她们的鞋子很漂亮。简而言之，美国人就是要无可挑剔。社会各个阶层，从百万富翁到开升降机的工人的女儿都是如此。

也许我本该鼓励同胞们赶超这种完美，但我所认同的完美归根结底是要给人和谐之感。各种来源的丰富多彩的成衣发布会很遗憾地因缺乏洞察力而经常破坏这种和谐。这儿买一顶帽子，那儿买一件上衣，再从别处弄来一件连衣裙，这些衣物都很可爱，但是不能组成一个和谐的整体。我还认识到，纽约特别有活力的氛围源自给汽车大胆地喷各色漆、乘客的着装、司机惊世骇俗的领带，所有这一切都争奇斗艳，夸张之风抵消了美国人的优雅。

不过，随着时间的流逝，就如法国人放弃了愚蠢的乍祖风格一样，美国人也放弃了过火的行为。如此一来，美国人打扮起自己就更讲究了，而且在搭配上也日趋丰富。美国与欧洲互相影响着，无碍地长期分居地球的两个地方，因为她们骨子里是亲姐妹。时间改变了美国的样子，美国人的外表更精致了，各方面的品位都变得极为讲究。

在美国生活期间，我最发愁的就是要花大笔的钱才能买到一丁点儿真正的奢侈品。我从苏联那儿知道，在美国，数量战胜了质量，不管是男人还是女人都偏爱买一大堆廉价商品，而不是少量的经过仔细挑选的精品。美国奉行的乐观主义成了女人们的信仰，看样子，她们花钱完全是因为，她们是一群需要通过购物获得满足感的人。对于她们来说，三条新裙子胜于一条漂亮的旧裙子，她们从不会在选择的时候犹豫，即使明知自己很快就会喜新厌旧，也仍然会把那条裙子抛弃。

尽管如此，纽约的女人还是不可思议地避免了坏品位。这里的店铺能让她们从全世界的时尚精品里选择。那些精品店包揽了各个国家的作品。虽然从欧洲人的角度来看，我们会说她们不懂怎样买东西，我们购物的习惯是买那些形象漂亮做工又好的东西，物品的实用性就像外表一样会被考虑进来，但你能就此下结论说购物数量一定会影响购物品位吗？贫穷是奥秘所在。一个女人如果只支付得起一条裙子，就总会为如何作出最佳选择而烦恼。通常她会比买很多衣服的女人更优雅。

我不会因为这些现象对美国下一个悲观的结论。我们创造着自己生活的时代，拖时代的后腿是再傻不过的了。我要坦白承认，有名的咖啡馆派只代表了美国的一小部分人，但我在这个圈子里交到了很多可爱的朋友，虽然这个圈子正在逐渐消失。老团体里的百万富翁变得像最后一个印第安人一样稀有，现在他们看起来跟过小康生活的工人没什么区别，奢侈的生活方式隐退了，大家都喜欢工业带来的普遍的舒适生活。

另一方面，巴黎代表了一个时代的圆满终结。那里比任何地方都深入地了解技艺，而且我们法国人知道必须延续这一传统。对美国的了解帮助我重新理解了法国以及它的资源，而且加剧了我想家的念头。之前，我一直沉浸在最好地诠释了20世纪的地方，现在，抛开纸醉金迷的纽约，我渴望着回到古老的欧洲。

几周以来，我完美地体验了美国的生活方式，回到法国后，我要注意那些已经养成了的美国习惯。这真是两种完全不同的生活方式，法国的生活方式更古典也更适于我的天性。当我回家的时候，我要亲吻土地，我要向每片绿草脱帽致敬，我真是太开心了。

回到家后，一种特别的情感总是刺激着我。我可怜那些不能充分体验和重视这种情感的人。最不起眼的景色，因为属于我的家，也能让我感觉到沐浴其中的奇特之光。这些被时间侵蚀过的石头是属于我的。即使发现我的国家有不完美的地方，我也会敝帚自珍。

当我归来时，巴黎还没有从战争的记忆中恢复。墙壁上的伤痕还在。但这一切都在法兰西的蓝天下浮动着，那是我爱的无可比拟的天空。

第二章
从创意到时装

我们学到的唯一经验就是：最简单的、最无须自我解释的设计，才是最有说服力、风格表达最鲜明的设计。它们正是通过简单才显出活力，从而征服了我们。

——[法] 克里斯蒂安 · 迪奥

第二章
从创意到时装

创意

尽管有人认为时装没有灵魂，尽管我也热爱建筑和室内装饰，然而我必须承认，只有时装才是我生命的全部。时至今日，我所看到、听到和了解的一切，我生活中的每一部分，都时时刻刻被我的时装所包围，直到它们从我的梦想世界破茧而出，诞生于这个现实的世界。

每一季的新时装是如何创作出来的？常常有人问我从哪里汲取灵感，但我只能坦白地回答：我也不知道。假如有一位既是服装设计师又是精神分析专家的人，倒是可以研究一下我的那些成功的作品同我一生中各个阶段的情感有何联系。人们通常认为，时装设计师在投入设计之前总要查阅大量资料，以获得启发。然而我却从来没有这样做过。我并不认为这样做有什么不好，只是觉得这种方式对我完全没有帮助，现成的资料不但不会激发我的灵感，反而会阻碍我的想象。每个国家、每种风格、每个历史时期，其吸引力不在于现成的作品形式，而在于其背后各自独有的内涵。一件经典作品摆在面前，可能更多地会激发我的模仿欲，而不是创作欲。假使我要为一出历史剧设计戏装，在参考了历史资料和图片之后，我一定会合上书，经过一段时间的沉淀之后，才会拿起笔进行创作。只有这样才能真正基于特定历史时期的内涵进行创作。展览或博物馆是很重要的参考，但仅限于形式的细节。

时装是有生命的，而且具有其自身独特的法则。普通的思维很难领会这种法则。就我个人来说，我明确地懂得我所赋予时装的种种关怀、痛苦和热情。它是我自身真实存在的反映，因而和我分享着同一份情感、同样的欢乐和同样的敏感。

我生活经历中的种种激情早已注入我的时装里。我和时装是密不可分的。它们诱惑着我，占据了我，并将持续地占据我。我同时装之间这种既邪恶又狂迷的联系，令我的生活既是天堂也是地狱。

由于时装的首要任务是取悦和吸引，因而必须避免千篇一律，以免令人厌倦。也正因为如此，尽管时装的发展没有什么逻辑可循，但它却具有某种逻辑的敏感性，用于感知一种或两种反馈，例如反应或认可。

到 10 月底，经过三个月的潜心研究，我终于理清了哪些是“我仍然爱着的”，哪些是“我已经不再爱着的”，并且很快就要迎来“我将会爱上的”。在我的本季时装发布的当天早上，我同时装的新一季的恋爱就已经开始了。

我躲在灰色亚光的布帘后面，急切地听着走秀大厅里人们的反应。这是我本季服装的首次登台亮相。衣服就像女人一样，只有被爱之后才能真正焕发生命的活力。因此我格外留意我认为重要的几件样衣，反复观察它们穿在模特儿身上的效果。新一季时装是在上季之后持续着的、令人头脑发昏的赞扬声中诞生的。我现在仔细倾听着人们对这一季的意见，朋友们的、顾客们的、记者们的还有商户们的。他们每个人的意见都是有价值的。此时我们会变得异常敏感。每件服装收到

1940 年代迪奥“新风貌”女装海报

的反应哪怕有一点点区别我们都能感受到。我们会因为某件款式的成功而欣喜，也会因为某件不太成功、或者差一点儿成功的款式而沮丧。当然了，就算观众发出最轻最细微的批评声也足以令我怒火中烧。奇怪的是，那些我们最看好的款式往往却在这里遭到冷遇。因此，成功的喜悦中总难免带有一丝苦涩和遗憾。

像我的朋友加克索特这样的历史学家认为，至少需要经过五十年，人们才能对一件事作出客观的评价。然而我只有不到三个月的时间来评价过去的一季，然后就要投入下一季的工作了。科克托[①]说过，“时装是短命的”。因此它的节奏也比历史本身的节奏更紧凑。

发布会之后的几个星期对于即将诞生的下一季时装来说非常关键，在这段时间里我虔诚地进行自我反省。报纸杂志上刊登的照片和图片能让我以一种全新的角度审视我的服装。可能我当初不假思索地设计、在后期制作中也未加留意的某个细节，此时却在画家的笔下，在摄影师忠实的镜头里显示了出来，并且因某种奇妙的角度或光影而显得格外突出。这大概也能证明我的作品是独立于我而存在的。

更有帮助的是我可以看见我的服装穿在顾客的身上。当然我很少去试衣间，但我会让人把所有情况都及时通报给我，这样我就能了解代理商们以及那些有权评判我的特殊顾客都选择了哪些款式。所有这些报告再加上来自车间的各种信息报告织成了一张大网，我将在这张网上编织下一季的主题。在这个时期，我和我的服装常常重逢，像失

① Cocteau（1889—1963），法国先锋派作家、艺术家。

散的朋友一样。我常在晚宴或舞会上看见它们。再过一段时间，我就会在街上看见似是而非的、被抄袭的版本。最终，我会在商店橱窗里看见各式拙劣的仿制品。这些仿制品的所谓改款，倒不如说是走形。但即便如此，这些对我仍然有用。在某种意义上，它们能让我发现所犯的错误，在带给我震惊的同时，也带给我教训。每位女士都会依照自己的特点来选择服装，同一款服装，玛丽和尚塔尔穿上可能效果非常不同，其中一人可能令这件衣服增色，而另一人可能使之减色。明白了这种区别后，我还要去发现其背后的原因。

恐怕我将永远带着这种职业的、时刻计算着的讨厌的眼神了。曾有人告诉我，女士们被我那直勾勾的眼神盯着，会有一种没穿衣服的感觉。她们误解我了。我只是想让她们穿得更漂亮。尽管我并无恶意，但大概还是会带着唐突的眼神，令我面前的女士感到难堪。而我自己一旦意识到也会感到尴尬。不过，我对所有女人都一视同仁，不论是亲密的朋友还是第一次走进来的陌生人。由于我的这种职业眼光，面对一位穿着我的时装的漂亮女士，我也会忘记表示恭维。因为我可能在心里把她的良好品位归功于我自己了。这种慎重态度也有其好处，那就是既然在得意的情况下我能保持沉默，那么在失望的时候我自然也能保持沉默。我发过誓不会写出具体姓名，因为那样的话，本书内容恐怕就要变成选美了。然而我希望借此机会，对所有那些如此懂得我的时装，继而带给我极大快乐的女士致以深深的谢意。

我在关注着我自己时装的命运的同时，也在关注竞争对手们的命运，从而知道他们也都面临着和我同样的问题。这种制衣者之间的相互影响的关系可能比较难以理解。在每一季，各个时装公司都会出现两三款示范款型，可能是偶然的收获，也可能是精挑细选的结果，这几种款型将确定未来的风格趋势。与此同时，媒体也人为地制造出一种该季时装风格的统一趋势。这种简单化的趋势是媒体和顾客们选择的结果。快餐式消费心理及当代宣传口号的品位进一步促进了这种简化，并诱导女人们购买那些大同小异的款式。这样，每一季大约有二十款服装成为“最畅销”。

而前面提到的那几种示范款型本身，往往并不被公众接受，但是专业的眼光却不会错。每家时装公司都借此向竞争对手学到些东西。或者停止销售自家已经过时的某款时装，任其庸俗化，并最终消失。应该说，这些款式才真正造就了时装，并造就了巴黎赖以闻名的时尚气氛。只有具备同样高的审美素质、同样正确的品位，才能让这些原本抱着各自秘密的公司在同一时间揭开这同一种美的秘诀。

季中系列的发布标志着关键性阶段的结束，创作阶段的开始。主系列发布之后三个月，各大公司都会再次发布一个修订和改款的系列。像是一种最初系列的“消化”版本。季中系列一般发布三十款左右，旨在通过新一轮的推介重新唤起顾客的兴趣。这个系列中的一些款式仍然强调初始系列的风格，另外一些款式则开始引入某些新风格。不过当今每一季的时间越来越长，同时高级手工也越来越稀缺，因而已经很少再推出这种季中系列了。

因此我在纽约分公司的时装系列堪称得意之作。它可以起到和战前那种季中系列相同的作用。我在刚刚完成的系列中注入了全部能量，

1950 年代迪奥礼服设计

在这种了然于胸的基础上进行改款和改进相对容易。美国市场有一种特殊性，就是需要考虑批发商的需要，换句话说，就是要考虑一个数量大得多的顾客群。通常我会从简化入手，但是由于对这类工作胸有成竹、驾轻就熟，因而肯定不会满足于重复现成的风格，自然而然会寻求加入额外的、新的元素。风格的变迁也就此形成了。所以纽约系列绝不仅仅是巴黎系列的翻版。其中的一些款式已经带上了未来趋势的影子。当然，在设计这个系列之前，我首先要花一个月时间来深思熟虑。

在外行看来，时装设计职业有一种最令人难以理解的现象，就是设计中的服装都不是应季的。冬季系列的设计是在丁香花和樱花盛开的时节，而夏季系列的设计则会在落叶或是飘雪的时候。这是因为时装设计师有点儿像诗人，有时常常需要一点儿怀旧的情调。我们喜欢在冬天怀念夏天，又在夏天梦想冬天。如果要我在 8 月设计一套夏装，就像让我脱离整个系列单独设计一件衣服一样困难。设计师需要一段必要的间隔，才能令他忘掉已经完成的大量设计，从而专注于即将开始的新设计。

我迟迟不敢着手开始设计，因为担心后面的日子会后悔、重复和迷茫。我担心如果开始的基础不成熟，那么其后形成的设计必然会给我造成困难。尽管如此焦虑不安，但是创作的冲动还是占据了上风，我迫不及待地想把自己的想法画到纸上。经过几个星期这样的酝酿状态，我就启程去乡下了。这次旅程就像鳗鱼向着马尾藻迁徙，或是企鹅向着海岛汇集。正如出发的时候预料的那样，十五天后，我就画满了数不清的纸片，每张都布满了只有我才懂的奇怪符号。

第二章
从创意到时装

我随时随地都乱写乱画，不论是在床上、浴缸里，还是在饭桌上，不论开车时还是走路时，不论在阳光下还是在电灯下，不论白天还是夜晚。我认为躺在床上或浴缸里的时候，可能由于不需要分心用于行动，所以更放松，也更容易集中精力。此外还有很多偶然的因素，例如石头、树木、人，或是简单的手势、奇特的光线，乃至轻声的话语，都可能激发灵感。达·芬奇曾漫步在佛罗伦萨的乡村，仔细观察土地和天空的样子，并把它们转变为画布上的光斑。我虽然比不上达·芬奇，但我的服装设计也汲取着我周围的一切，目光所及的一切都被我赋予了幻想的翅膀。

某个时刻，突然会有一个灵感像闪电一样击中我。我立刻被迷住了，并且围绕它冥思苦想。第二天早上我就会有新构思。它大概是趁着前一晚的黑夜降临的。这种构思就好像度假时走在街上，突然看见朋友向你打招呼一样。你会告诉自己这不是在做梦，这确实是你的朋友。当你朝着她迎过去的时候，会感觉到这次相遇缘于你们之间的某种默契，因为你知道你们一向熟知彼此。一般来说，被这种闪电击中后带来的灵感，最终都能形成非常成功的作品。

我的草图渐渐越画越多，现在是该对它们进行整理提炼的时候了。我停止了疯狂的乱写乱画，就像面包师，把面团揉到一定程度，就该把它放在一边了。现在新风格的基本轮廓已经确定了。我就停止下来，一连几天，一切同时装有关的事通通不闻不问。经过这几天的冷却，我就能够稳健地开始下一步了。我浏览所有的草图，从轮廓潦草的第一张直到形状清晰的最后一张。这个筛选过程几乎不用费多少脑筋：

只凭感觉就可以选出哪些是有潜力的，哪些是毫无价值的。接下来的两到三天，我会一口气完成几百种设计，以便找到最实质的表达方式。我脑子里会闪过无数的创意，由一张草图可能完成一系列的设计。所有这些设计就是我下季时装的雏形。我迫不及待地将它们送往车间，急于将这些图纸变为服装。

以上涉及的都仅仅是服装的设计部分。之后则需要经过许许多多人的共同劳动，包括制作、裁剪、缝纫和安装，才能把这些设计转变成实际的作品。蒙田大街30号现在变成了一个辛勤劳动的蜂房，从设计室的骨干队伍一直到最年轻的学徒工全都忙碌了起来。从现在起，我把设计图——这烫手的山芋移交给了玛格丽特女士。

我坐在靠窗的一张桌子前，玛格丽特女士、雷蒙德女士和布里卡尔女士坐在我的周围。突然之间，我心里产生了一个疑问。设计室的光线和我创作时候的光线不同。这里的光线有一种工作的气氛，而且有一种紧迫的气氛。那些我一向觉得胸有成竹的设计，在这样的光线下将会呈现什么效果呢？设计可能粗陋，可能精确，可能取决于绘图时的运气或者创作时的情绪。然而最重要的一点是要求设计必须有所表达。服装学校所犯的最大错误就在于只教学生完成绘制设计图或者抽象图案。要想激发裁缝师的热情，激发我的热情，设计必须蕴涵一种活生生的风格，必须富于律动。

我的原始设计图，古代的时装词汇称之为“原版设计”。这些都只是很粗略的草图，除标出个别突出的新部件之外，并未提供更多细节供服装初样制作参照。在制作过程中，我会进行补充解释，以便明确一些纯技术性的问题，诸如裁剪以及衣料的方向等。这是设计草图蜕变为时装这一过程的第一步。我会反复审视草图，以便不辜负周围同事们的信任。随着设计的成熟，大家的好恶也逐渐形成了。有时候某人会突然盯住一款草图说：

“哎呀，我太喜欢这个设计了！”

众人都传阅着这些设计，并仔细地研究它们。有时候我们会不约而同地转向刚刚看过的一张设计，因为它给我们留下了印象。而其他的设计则另作他用。经历过很多类似情况之后，我们学到的唯一经验就是：最简单的、最无须自我解释的设计，才是最有说服力、风格表达最鲜明的设计。它们正是通过简单才显出活力，从而征服了我们。在我们的研究过程中最常听到的词语就是“表达”。

例如玛格丽特女士常会问我：“我把您的意思表达正确了吗？”我有时会告诉裁缝师说：“你这服装没有表达出我要的东西。”服装由设计到制作，其艺术就在于完成正确的“表达”。

有些人为我每一季成功的服装都总结出一项“总体意义”。我不敢当，但却认为他们是正确的。每个设计师可能也乐于缝纫和剪裁，然而他最大的愿望就是表达自己。尽管周期短暂，时装所实现的自我表达却不亚于建筑或绘画。

我所有的设计图都展示完毕后，玛格丽特女士就将这些“原版设计”按照各人喜好分配给裁缝师们。在一定程度上允许裁缝师们自由挑选，因为只有对真正感到动心的作品，才可能进行最好的“表达”。

玛格丽特女士分配这些设计的时候，会把我对她讲述的要点向下传达。有时我走进设计室的时候，碰巧她正在向大家传达。看见每个人脸上那种又兴奋又全神贯注的表情我非常感动。所有人都迫切地等待着接受新设计带来的挑战，并且专注地聆听着每个细节。就连最有经验的裁缝师也会像新人一样满怀着兴奋和期待。

新的设计就像血液一样在整个大楼里流动起来了。从学徒到裁缝，参与初样制作的手指都注入了活力。时装的未来风格即将在这些手指下形成。随后的整整一个星期，整个公司都充斥着种种问题，并且互相交织在一起。每个人都各自寻求着解决问题的办法，同时也参考其他人的方法。我鼓励工人们自己寻求解决方法，因为这有利于在技术上有所创新。

裁缝师拿到分配给她的设计图后，会仔细进行研究，甚至会把图分成几块，或随身带着，反复体会图纸的感觉。然后她就动手工作了。先是用布片在假模特儿身上裹出造型，退后两步观察效果，之后纠正、调整，甚至重新开始。经过几次失败的尝试之后，造型的含义在头脑里逐渐清晰起来，手中的布片也开始现出雏形了。这时她会叫助手拿来别针，固定这件衣服初样的形态。车间里堆着的设计图在一点儿一点儿减少着，流向这些最优秀的能工巧匠们的手中。

除了咬指甲，有时候我也给自己安排些活干。例如挑选扣子、腰带、配饰以及每件衣服搭配的珠宝。我也会对几星期前订购的衣料进行挑选。这是一件非常重要的事，后面我还会专门写到。在等待初样制作的这一星期里我会一直做这些零七八碎的事情，这样做表面上看起来是为了参与工作，但真正的目的是为了缓解我心中的不安情绪。

从初样到时装

新一季工作的开始，对于设计室来说就像春天到来一般。在淡季时这里面总显得空荡荡的，气氛沉闷得犹如实验室。现在一块一块新的面料到来了，就仿佛是春天新发的嫩芽，今后的日子里，将要在这里渐渐开出美丽的花。

工作台下面挂满了腰带。在写着模特儿名字的黑板旁边，架子上堆满了围巾和帽子。随处都有迹象表明，新一季的准备工作正在酝酿当中。这个由羊毛和丝绸构成的世界是严格禁止外人进入的。一旦听说陌生人要来，大家就会立刻用白布盖上一切，把新衣料和配饰统统隐藏起来。原本忙碌的设计室一转眼间就变成了一个闲置的沙龙一样的空屋。这些变戏法般的场景总会让我忍俊不禁。

重新拿掉遮盖，设计室就会又一次活跃忙碌起来。从第一次试穿初样开始，一切就向着最终的发布日迈进了。玛格丽特女士准备把这些初样拿给我看的时候会不知所措。裁缝师也生怕打样的时候会出错。甚至连我自己，在看着这些打样布片的时候，也不知道我的这些孩子究竟会成为什么样子。

因此接下来的工作对于我们所有人来说都是很严肃的。第一批初样大约有六十种，它们是我“原版设计”中最重要的部分。我要求这

1950年迪奥推出的新款女装

部分一旦完成就立即拿给我看。现在我终于要看到它们了。

我通常会挑选两三名模特儿为我试穿初样。当然,所有“妙龄女郎”们（我们都这样称呼模特儿们）都很漂亮，然而不可否认，其中某些人比其他人更能激发我的灵感。这类女孩和我之间有着某种共通的感觉，这也是相互吸引的通常法则吧。成功的模特儿和“启发灵感”的模特儿是有区别的，她们是两种不同类型的人，因为我是用不同于公众的眼光审视我的服装的。成功的模特儿是面向外界的，她的任务是让时装走得更远,用贸易术语来说,就是“把握”它们,并令它们“畅销”。而启发灵感的模特儿则是面向内部的，是为了让我在创作初期得以更好地表达情绪、传统及表现风格。

在人们的想象中，设计师的设计过程就是轻松地在模特儿身上比划着各种衣料。其实这种画面是很少出现的。要经过很长时间的准备工作，并经过详尽的规划之后，才能开始制作初样。整个系列的剪裁全部都完成之后，才是模特儿试穿初样。

第一次模特儿试穿初样，会迎来一片“哦”“啊”的赞叹，有肯定的也有否定的意思。有些人的反馈更直接：

“亲爱的，这扮相太完美了！”

“看在上帝的份儿上，快把这件衣服扔进废纸篓吧！”

某个初样如果赢得了钟爱，就会被冠以各类昵称。如果没有获得好感，就会被轻蔑地、毫无感情色彩地称为“这件衣服”而已。

很多设计图样在一开始并没有引起我们的注意，因此直到初样展示时才会引起我们的重视。很可能由此开始就能形成一整套全新系列的服装。而那些一开始感觉很突出的设计图，一经试身却效果不佳，因此很快会被弃用。还有些样衣同我想象中的样子差距很大，但不一定是失败的，只是对原始设计的诠释产生了偏差。裁缝师和后期的时装摄影师以及时装画家一样，都会在我的原始设计中加入他们自己的理解，有些可能并非我的本意。这种需要别人进行诠释或演绎的艺术创作，其结果很可能出乎原作者的意料之外。戏剧也具有这种特点。因此设计师应当懂得如何最好地把握这种特点。

如果结果令人满意，我就会批准这件样衣继续制作。否则，我就会重新考虑原始设计，或向车间进一步解释我的设计，或者把它交给另一个更能胜任这项工作的车间。有时候我把同一张设计图同时交给好几个车间，这样就可以得到多种不同诠释结果的初样。我既可以从中挑选最好的一种，也可以利用其中的不同诠释开启新思路。

我交给他们的设计图只是不含细节的大致轮廓。这些剪裁出来的初样也是如此。它们的意义完全在于剪裁、线条和形状。这些将是决定整个系列服装风格的最基本要素。像翻领、蝴蝶结、腰带、口袋这些细节都是后期加上的，除非样衣在设计之初会有这样的要求。

模特儿首次试穿初样这天，是对决定整个系列的风格具有决定性意义的一天。我将从我的设计中选出五六种风格，或是礼服，或是套装或大衣。

随后，我会召集所有模特儿大集合，并让她们全都穿上同一类型的初样——全部是晚礼服，或者全部是西装。这种展示要持续到很晚的时候，因为要逐个地观看每一个模特儿的着装效果。到回家时，我脑子里充满了各种新的设计思路，同时又因为观看得太多而一团混乱，既兴奋又糊涂。当然我知道，这种最开始的兴奋状态并不会持续很长。还要经过很长时间辛苦地试验，才能做出真正算得上创作的样衣来。

第二天我就重归清醒状态，并且再观看一次所有初样，以确定本季最主要的风格。我会再次召集模特儿们前来，一个接一个地在我面前展示。我一面观看一面记下笔记。这种展示有时候进行得并不顺利。大家都可以自由发表看法。有时候一个模特儿会被要求重复好几次展示同一款初样，有时候一件初样会被要求由不同的模特儿穿上展示……这时候绝对不能进行得太快，那样的话很可能会错过一件优秀的样衣，特别是那些看似失败、其实只是存在某种制作失误的样衣。因而必须经过反复的观察、上百次的提问、上千次的取舍，才能作出一个最终决定，并由雷蒙德女士记录下来。

人们常常误以为时装设计靠的是心血来潮兴致所至，不需要整体的规划。实际上，一套设计规划很早就开始制定了，所有的设计都是基于这套规划确定的风格。雷蒙德夫人在纸上绘制本季所有服装的总表，并在每一类——日装、西装、外衣、晚装——下面留出空白。我会强制自己将这一框架图削减至最小限度，因为我们很可能会制作出太多款式。创作新作品的快感实在是一种诱惑，我要尽可能地抵制这种诱惑。一块衣料、一块刺绣就可能引诱我忘记眼前的工作，去用它们进行新的设计。此外，还总会有出于各种原因而临时增加的款式。有时候是为了适应原先被我忽略的某一类型女士的身材，有时候是我想通过增加细节或剪裁来更加突出某一种风格。

就连最喜爱我的客户也会觉得我的每一季服装的款式太多了。她们是对的。两个小时不间断的发布秀实在是太长了，况且走秀大厅通常很热。对于每个人来说，衣服的款式确实太多了。然而需要指出的是，我的服装不仅仅要面向每个单独的女士，还要面向专业的商户，面向有各种不同需求的客户。全世界的女人有胖有瘦，有偏黑的，有白皙的，有喜欢保守的，有喜欢夸张的。有的女人喜欢袒胸露肩，有的女人喜欢遮住大腿。有些个子太高，有些又太矮。这个世界充满了各种类型的美丽女人，她们的外形和风格千变万化、无穷无尽。我的服装应该满足她们每个人的需要。当然如果真的要满足她们所有人的话，别说七十件样衣，就算七个七十件也不够。好在事先已经制定了规划表供我遵循，尽管那对我的想象力是一种束缚。

终于到了作决定的时候了。我们将那些判定可以继续制作样衣的初样进行划分、描述、编号，并由雷蒙德女士绘制草图。我要求模特儿再次向我展示这部分初样。下一步要决定每一款由哪个模特儿穿，以及每一款使用何种面料。

有时候模特儿和服装的密不可分，就如同服装与面料的密不可分一样。在我的“妙龄女郎”们中，有三四个人，可以胜任各种类型服装的表演秀。而其他人则属于女性特征更明显的类型，我需要仔细挑选最适合她们外形的服装。除了外形之外，我还必须考虑的一个因素就是模特儿之间要待遇均等，否则她们在更衣室里会爆发战争的。

每个女孩展示的款式数量大致要相等，这一数量中，日装、盛装、晚装的比例分配也要公平和平均。显然要绝对准确地做到这一点是不可能的，而且我还常常犯错误以致发生悲剧。有一次我把一套羊毛便装同其他正装安排在了一起，还有一次把一身短礼服排到了一群舞会长裙的队列里。好的模特儿是无法忍受这种不公平竞争的。

如果说模特儿的选择很重要，那么面料的选择就更重要了。因为一旦选定面料，就很难再变更了。这项工作可能在不同的阶段进行。每位制衣人都有其独特的工作方式，有的是由面料激发灵感再进行设计，但大多数还是遵循从设计图到初样再到面料的顺序。对于我个人来说，面料就算再漂亮再新奇，也是第二位的。当整个系列的工作接近尾声、新设计的风格基本确定了的时候，我也会偶尔松懈一下，享受一下某些面料的质感、颜色以及图案的诱惑。只有在确信我的服装已经达到了基本满意的设计效果之后，我才会做这些额外的工作。

我最重要的灵感来源是女性身体的形状。设计师的天职就是要以女性的线条美为基础，通过衣料的处理，达到彰显这种天然美感的目的。我无意否认色彩给时装（及女性）增添的魅力，但是我完全能够只用黑白两色设计出一整系列服装，并且能完美地表达我的创意。色彩无法让失败的服装变得成功。它只是这舞台上的一名配角，而主角永远是剪裁。

为了解释面料和高级时装之间的关系，在这里我需要插叙一小段。两个月前，即在我尚未创作设计草图之前，我就已经对面料进行了首次选择。丝绸商、羊毛商和蕾丝生产商们正是在那时候到来的。他们大多是传统的客商，来自世界各地，包括巴黎、伦敦、里昂、米兰和苏黎世，满载着源自低地国家以及东方的财富而来。

我在雷蒙德女士、两名助理设计师以及公司行政人员的陪同下会见他们，那气氛犹如会见外交大使。我起身寒暄迎接他们的到来，双方郑重地握手。虽然货物已经堆满了走廊，然而我们却不急于切入正题，而是礼貌地交谈一番。我们谈论上一季的话题，回顾“进展良好”的合作，我们汇报使用他们的面料的服装销售业绩，就如同那是他们好久未见的、我们双方共同的朋友，由我们报告其近况。之后，演出开始了。每家企业都有其擅长的拿手好戏。有些属于那种传统式的，开着七八辆卡车组成的商队浩浩荡荡而来，到达之后又忙碌着搬卸货

1954 年迪奥推出的女装

物，热闹非凡。那情景就像是遥远的东方君主派来的满载礼物的使节团。领头的人坐下来打开箱子，里面就魔术般地冒出各种颜色的衣料来。他用灵巧的双手迅速地打开它们，并分类摆放好。只几秒钟，我面前就摆满了五彩斑斓、漂亮诱人的衣料了。

另一种是现代风格的，他们的代表仅仅拎着一个公文箱，样子就像街上兜售鞋带的小商贩。这些公文箱里面是各类衣料制成的样本，全都裁成邮票大小的方块。虽然方便，但翻找起来可不容易。特别是在春季，需要以素色面料为主的时候，在这充斥着各类夺目的印花面料的样本中翻看寻找，是很容易眼花缭乱的。

就设计师本身来说，只有大公司才是质量、颜色和设计的保证。由他们供货的面料当然会影响我下一季的服装。然而他们自己也会考虑到我上一季的风格，以确保两季之间的连贯性。

在这个阶段我根本无法知道我在两个月之后会需要何种面料。不过这却反而让我的选择变得容易了。我不会在“我觉得哪种有用”和“我想要哪种”之间犹豫不决。我只简单地选择我喜欢的，一切全靠直觉。

一般人认为时装设计师会在厂家定做某种特别的面料，实际上极少有这种情况。当然，也许在设计师和厂家偶然的交谈中，或是某个时候的话语中，可能会不经意地流露出对某种面料的期望。也正是由于这个原因，我在谈话中会格外留意，总是尽量避免过于具体地表达关于主题、面料和颜色的想法。一是因为我自己是个想法善变的人，二是因为我觉得时装设计是一项合作性的工作，我希望给各方都保留参与意见的余地。

从画好设计图到制成初样之间的这段时间，我就要着手从两个月前选择的大量面料里面进行筛选了。后期我还要进行第二次选择，选出更有特色的面料。这第一次选择的首要工作，就是把那些我完全不喜欢、摆在这里只是白白占据空间的面料统统淘汰。剩下的仍然满满地侵占着设计室。随后我将我最喜欢的面料都标上记号，并把它们放到单独的箱子里面。当然我很清楚，每天我都会重新发现喜欢的，因为那些被我忽略的面料，说不定什么时候就会突然让我觉得无法抗拒。最终，这项基础工作终于完成了。这些散发着光彩与诱惑的、美丽得充满危险的家伙们，现在终于得到控制了，并且——如果可能的话——在厂家的协助下，被按照颜色和类型进行了分类。它们现在摆满了我的设计室，并且把这房间映得光彩夺目。

现在我和员工们一道，把注意力重新集中到模特儿身上。这些吸引人的面料中，总会有一种既适合该款服装，又适合穿着它的模特儿。我必须抵御种种潜在的诱惑，有时候是面料的颜色，有时候是其质感。在这两者中，后者比较容易最终打动我。我从来不会因为颜色漂亮而选择某一面料，而是要看它的质地是否符合我想要达到的效果。另外还要考虑若干其他因素，例如面料的柔软度，即它的“型”，还有重量、厚度等等。面料被展开，横向裁开，然后称重。之后要抚摩，检验是否会刮皮肤，然后摩擦，检验是否会掉色。接下来要在灯光下仔细观察，检验其颜色是否适合模特儿的肤色。每一块面料都要通过如此苛刻的考试和检验，才能有资格被选用。

设计室里一共有八九个人。我对面站着模特儿，穿着白布的初样。

她后面是一面大镜子。我身后是两名设计师。雷蒙德女士正忙着寻找我一时兴致所至想要的面料。玛格丽特女士本应和她的助手克洛德一起坐在我旁边的，然而她却一刻也闲不住。我不停地招呼她坐下，因而她就一直在模特儿和她的座位之间跑来跑去。模特儿旁边站着负责制作初样的裁缝师。房间一角是外号“扣子专家”的让尼娜，她负责附件和配饰（她忙的时候还在后面）。旁边是手持铅笔、随时准备记录归档资料的弗龙坦。布里卡尔女士则时不时从她的帽子堆里出来并傲然地走进门来，或是发表一番明确反对的意见，或是苛责地瞪一眼某款倒霉的面料，又或是突然间强烈支持某一大胆的颜色。

不过，这个看似令人不解的古怪团队，其实在大部分时间里只是做一件事：挑选。在三十种同样优质的羊毛面料中挑选最适合的一种。面对众多候选面料，当我犹豫不决的时候，就会让人把这些面料搭在模特儿肩上，以便观察它们的柔软度和垂顺度，并和模特儿另一肩膀上的初样进行对照，看它是否符合风格的需要。

这样的比较之下，有些衣料立遭淘汰。

“不行不行，拿掉吧。”

然后我就指示换上另一块面料。这次则没能立即做出判断。我们都端详着它。适合吗？看起来挺适合的……但是也可能不适合。于是我就随意指向一个人问道：

“你觉得怎么样？”

他们都知道我并非真的指望他们的意见，因而可能也不会认真回答我。他们的在场就是对我的帮助。不过他们的回答却能有助于将我心里的疑问具体化。于是我继续问：

“你呢，扣子专家，你觉得怎么样？”

扣子专家只点点头，并未发表意见。然后我又问克洛德。用这种方式，我把屋子里的每个人都调动起来，从雷蒙德女士一直到模特儿。模特儿此时已经第一次感到了疲劳。而房间里的热烈气氛有增无减，所有人都参与了进来。只要有一个人冷淡，就会破坏这种合作探讨的热烈气氛。有时候一瞬间就能作出决定，有时候却需要反复多次，然后反复审视之前被否决的面料，可能重新选择其中之一。可怜的面料们被一次次搭上、拿掉、再搭上、审视、再审视。许多双手抢夺着它们，借它们表达着意见。最后，随着如同剪断脐带般的一剪，它的命运就此降生坠地了。雷蒙德女士回到座位上，登记这款面料，记下需要通知厂家的备忘，然后将记录交给弗龙坦归档。

有时候一件衣服一降生就被命名，但通常情况下，我们还是愿意等到多了解它一些之后再为它命名。给服装的施洗是有一定神圣意味的。

随后，我们可能会继续下一件初样面料的挑选，也可能为眼前这件款式再挑选新的面料。一件非常出色的款式，最后可能会变成不同颜色面料的很多件衣服。如果能挑选出第二种适合的面料，我就会在桌子角上快速地画出令它区别于前一款的细节之处。如果不能选出像第一次那样合适的面料，就推迟决定。

现在轮到下一个模特儿了。这一次也许要试五十种面料，也许一百种。可能需要灰色，或是粉色，或是绿色。可能需要亚光的，或是亮光的……全都不合适！唯一能确定的就是面料的质感和重量感。因为那是由初样的风格决定的。地上一捆一捆的面料越堆越多，它们似乎变得越来越难看。时间流逝着，房间里变安静了。我不再问问题，挥舞的手势也越来越僵硬。最后我终于放弃了，留待第二天再说。

回到家里，我一直到半夜还在想着关于初样的争论。这种不眠之夜使得这段日子都显得狂躁喧闹。尽管如此，我第二天还是会努力作出决定。

尽管付出了这么辛苦的努力，但是有些被一致看好的面料，在真正制成衣服之后却收到了完全相反的效果。时装就像是设计和面料的婚姻：很多都和谐而美满，但也有少数成了悲剧。

新系列的诞生

一般来说，在挑选面料的这十天十夜期间，我们同时也要确定本季的风格（**多种风格**）。这样一个全天候的系列时装不可能仅仅包括一种主题，而是会有七八种。它包含多种变化，然而又需要保持一个统一的基调，以免彼此冲突。也正是因为这个原因，我们的样衣最终只有一半能正式通过。因为刚开始往往热情高涨，我们通过的初样数量太多了，所以后期必须进行大量淘汰。

制作样衣的复杂过程开始了。这些设计和衣料即将被赋予生命。在这个阶段，必须要协调好两个看似不可协调的方面：个性和纪律。

车间一拿到分配给他们的初样，就会立刻热情地投入制作工作中。同厂家之间的电话往来从不间断。有时候某种衣料不够了，要求立即追加；有时候等新一批衣料到货的时候，却发现幅宽和上一批不同。种种的延误、错误使得雷蒙德女士不断地失望和焦躁，甚至恼怒。玛格丽特忙着及时修正这些错误。而我则迫不及待地等着看到样衣。

我就这样焦急地等上整整五天或六天。究竟哪天能够完成，我和玛格丽特都无法确切知道。我们两人每次的碰面和谈话，很像产房门外的准爸爸和安慰他的护士。每次见到我，她都知道我一定会忍不住问：

“到底什么时候能出来呢？到底会是什么样子的呢？”

终于有一天，在我毫无准备的情况下，样衣完成了。

这时我们的心都提到了嗓子边上。因为初样只是大致的轮廓，我们的评判只是基于这一轮廓的自由想象。但现在我们则要面对无情的现实了。我得承认，第一眼看见样衣的时候，我们可能会吓一跳，甚至可能被惊呆。这个时候我们通常会一面恼怒，一面思考着补救的办法，以免这件衣服前功尽弃。然而有些样衣看上去则完全不可救药，令我们觉得不堪入目，甚至令我们觉得受到了侮辱。大家会叫道：

“太可怕了！简直是侮辱！快扔进废纸篓！快扔进垃圾箱！”

当然，令人欣慰的是，也有一些样衣非常漂亮，让人一见到它们就有一种想要拥抱它们的感觉。

“简直像梦幻一般，”我们好像在欣赏着一件别人的、而不是我们自己的作品一样，“这件衣服太成功了。”

我常常想，我们这种毫无顾忌地表达所有欣慰和失望感情的词汇，旁观者肯定会觉得不可思议。然而只有亲身体验过我们的喜悦、焦虑、期待，经历过我们那辛苦而疲倦的日日夜夜，才可能理解我们此时的激烈反应，才可能懂得我们从事的是一种充满情感的劳动。

我重新坐在我的椅子上，面前放着一大杯红酒。新选出的样衣逐一在我面前展示，并由一种庄重的语调宣布：

“先生，样衣。”

这种宣布的声音就如同法国剧院里演出即将开始之前的三声梆子响。这令我感觉像是享受优先待遇的贵宾，有一种最先欣赏到这些服装的优越感。模特儿们各尽所能地展示着这些服装，而我也全神贯注，忘记了周遭的一切，只关注着舞台上的样衣。

这极其重要的第一印象之后，我让模特儿们走近些，并朝着我的方向走，使我可以动态地进行观察。同时我还会观察对面的大镜子，以便看到各个角度。镜子会令所有瑕疵暴露无遗。玛格丽特女士事先已经做了很多修补改正工作，但此时仍会发现新的问题。她往往和我同时发现这些问题，并不断地上前进行修正。我就不停地用我的指挥棒示意，强迫她回到座位上。我需要一种安静的气氛，以便彻底沉浸在对这些衣服的感受中。

裁缝师和负责缝纫的女工也会在场。他们带着剩余的衣料及剪裁下来的边角料，以备在我提出重新做袖子、领子或衣袋的要求时用得上。当然，在说到这些细节之前，我首先需要多观察。我指挥着模特儿向前、向后、转身。我仔细观察背面、侧面、各片之间的吻合，然后问自己：

“这是不是我想要的效果呢？”

这种时候一定不能过于考虑自尊心，包括我和裁缝师，一定要客观无私。我觉得某件紧身衣有些别扭。是比例有问题吗？应该再短些吗？其实不然，应该加长些。是裙子或袖子的长度有问题。领子应该开得更低些，还是更高些？反复考量之后，终于达到了最佳比例。有时候各部分的比例关系可能仅仅几毫米的调整，就会使这套衣服的整体大为改观。在某个部位加一道拼缝，就可能有放大的效果。做出某个细微的调整，就可能有瘦身的效果。所有的调整都基于简化的原则。如果某条接缝没有必要，就坚决去掉。某个衣褶效果不明显，就改为通过熨烫技术或更巧妙地利用衣料自身的垂感来实现。高级时装界的秘诀之一就是：最好的裁剪一定是最少的裁剪。

所有待修改的样衣都被拿到设计室，作为辅助用品，组成样衣的每一块衣料都被缝满了“定位线”。这些线的颜色采用衣料颜色的对比色以便更醒目。其中一条定位线沿着衣料的纹理，而另一条则与之形成一定的角度。二者之间就是偏差。如果剪裁有失误，通过定位线就能非常明显地看出来。要沿着“虚拟位置”剪裁到位，既不能太直，又不能太偏，这要求裁缝师具有高超的手法。就像音乐家所使用的不和谐音一样。如果处理不好，这个旨在为服装赋予生命的一剪，就可能会完全毁掉这件服装。

修改在一点儿一点儿地进行着。平衡不断被调整，比例不断被纠正。终于，所有的修改都完成了。这件样衣身上插满了别针，贴着大大小小的棉布片。它的衣料被四处横向剪开而随意飘荡。这些剪开之处标示着拼缝或者变化的位置。这件样衣刚出现在设计室的时候还光彩焕发，修改过后如今却已面目全非。

随后样衣在车间的经历，在我看来简直是奇迹。样衣上插满了密密麻麻的大头针，像蜘蛛网一样千变万化、杂乱无章。然而车间工人们却能读懂这不可破译的密码。我一直也不明白他们是怎么做到的。我只知道，到再一次试装的时候，样衣又会完整地展现在众人面前，所有的修改都会按照要求完成。并且随时准备好进行可能的进一步修改。

设想一下，假如作者有一份手稿总被反复地划掉、反复地重新开始，会是一种什么滋味。在第一次修改阶段，这些服装还远没达到我心目中应有的样子。可能制作过程没有忠实地贯彻我的指示，也可能实际的衣料并不能达到我想象中的效果。使用白布的初样所达到的满意效果，一旦换成实际衣料，就出现了格外显眼的问题。对质料或颜色的错误判断，迫使我从头再来。不过，在第一次修改之后，已经基本能看出这件衣服的雏形，并能大致想象它最终的样子。经过各个角度的仔细审视，以及考虑了各种可能的改进方法之后，我就狠狠心，把它送回车间。一项工作告一段落了，然而后续工作接踵而至——试装、彩排、发布秀。从这时起，我就会时刻关注着每件衣服的命运，就像一位慈父一样为它们骄傲，羡慕它们、喜爱它们，为它们的痛苦而痛苦。我内心如此依赖着它们，同时也担心它们令我失望。这种担心从来没有停止过。

在修改阶段我最大的担忧就是，经历了这么多的变化，这么多的犹疑和恐惧，我对这些服装的初衷有没有改变？

因而这些天我的情绪会非常糟糕。员工们走进设计室的时候都蹑手蹑脚，生怕碰掉一枚大头针。他们尽可能不惹到我，并且尽可能地想方设法安慰我。几天之后，我们一致认为合格样衣的数量已经足够，可以进行试装了。试装是在未来举行发布秀的同一间大厅内进行的。对于我来说，它的一个重大意义就是模特儿走秀的顺序要和“大日子”当天一样。

走秀大厅在未来的某一天将会挤满观众。届时在这个奢华的场所里，大部分人都是这种奢华的追寻者，而只有少数才是其创造者。如同剧场一样，走秀大厅也有其独特的视觉环境。为了适应它，服装要尽可能简化，并尽可能放大。在设计室里看着很好的某个细节，此时就可能显得多余。之前看似足够的某个宽度，此时就需要进一步加大，才能真正获得效果。当然，这个大厅的唯一目的，就是通过模特儿们的展示，让这些服装打动媒体，吸引客户，并取得成功。然而正因为这些服装的使命仅仅是为了闪耀于走秀大厅，它们的其基本作用——被穿着——也就被忽视了。

前面我已经描述过在设计阶段每个模特儿庄重地走进来时的那种效果。到了彩排大厅，这种效果增强了。模特儿在大厅门口亮相的一瞬间有一种震撼效应，我非常强调这一点。如果一见之下就令我满意，我就会立刻为这套服装选择一顶帽子。如果不是立刻满意，我就让模特儿前后多走几趟，以便我从各个角度进行观察。我通常要花上几分钟来判断问题出在哪里。多数情况下都是比例不当，或是过于复杂。找出并纠正其问题之后，我才让这件衣服通过。时装毕竟是关于“型”的事物，从鞋子到帽子，全身应当成为一个整体。

正因为如此，我和布里卡尔女士要费尽心思选择帽子。设计草图中就包含着帽子的大致形状，此时要针对该款服装的“型”找出形状和大小最适合的帽子来。我面前摆着一大堆帽子的基本款型，相当于服装的初样。在样衣阶段，细节暂时不是最重要的。首先要考虑的是帽子既要适合该款服装，又要适合穿着它的模特儿。有时候这种选择极为困难，也许试过二十多种也未能找到适合的一种。有时候，我对这种无望的反复挑选会丧失信心，就会干脆重新设计一顶新帽子。

可能有人会觉得奇怪，当今的女人们戴帽子越来越少，为什么还要为此煞费苦心呢？我认为，女人们远离帽子的原因之一正是因为那些劣质帽子流行于世。那些草编的、装饰着俗气的羽毛和花朵的帽子，其实是战争年代物质匮乏的无奈的产物。我个人一直认为，女人不戴帽子，不能算是完整的装扮。现今年轻女孩们都不戴帽子，也影响着她们的长辈。但这些女人没有意识到，她们失去的是一件能令她们更漂亮的装饰。同时显然也没有意识到，当别人夸赞她们“您今天真漂亮！”的时候，实际上等于说：“您的帽子太适合您了！”

没有帽子的时装秀是不可想象的。没有帽子的模特儿就算穿上再漂亮的衣服，也会显得邋遢。这并非夸张。可能在某些场合可以省略帽子，可以不必在乎帽子带来的额外的、独特的魅力，但在发布展示一种新风格的时候，当比例是如此重要的时候，是绝不能省略的。

迪奥公司的员工和模特儿

第一次的试装样衣数量不多，只包括那些最有代表性的初样，以及那些送去加工刺绣的款式。这些带刺绣的服装，虽然样式通常都很简单，却是赶工时间最紧迫的。说出来可能人们不相信，这些刺绣采用的居然是18世纪的工艺（有些甚至用的就是18世纪的刺绣架），全部用手工完成的。这一般要耗时一个月或者三个星期。一件舞会长裙可能全身贴满珠片，这数以百万计的珠片都是由手工一个一个缝上去的。

再回到试装。我看过20套各种类型的服装之后，就能比较安心地去睡觉了，决定第二天早上再作出最后选择。有些不可思议，一夜的时间，就能令我把真正喜欢的那些样衣筛选出来。第二天早上我选出的这些样衣，就将是构成本季时装主题的主要部分。直到这时，新一季的新风格才逐渐成型，我才真正开始严肃地考虑它的设计细节。

在第一次试装及后续的修改之后，本季的时装就算走上正轨了。某个无可争议的优秀款式可能会衍生出三四个新版本，而某件一直被认为经典的款式，却可能突然间显得过于成熟而有些过时了。我们就这样不停地进展着，有欢乐有悲伤，有喜爱有厌恶，甚至有时候糟糕透顶。伴随着种种的情绪，某一天，我们终于要淘汰那些不喜欢的衣服了。这些衣服都很出色，销量可能都很不错，它们只是与本季的主流风格不够协调，因而只好作出牺牲，以确保整个系列的完整性。在系列的形成过程中，我们必须保持与其风格的高度合拍。在我们看来任何东西都已经不新鲜。随着发布时间日益临近，我们只能判断工艺质量的好坏，而无法判断创意是否有价值了。我们必须保持警醒，因为习以为常——这个时刻摆脱不掉的东西——会令一切都变得平淡无奇。

现在蒙田大街的这栋房子已经被疲劳占据了，然而热情却依然高涨。一句鼓励的话语就能驱散一切辛劳的痕迹。同样，一句责备可能就会导致崩溃。如果裁缝师眼睁睁地看着她的服装被“扔进废纸篓”，她当即就会泪流满面，如同犯下了滔天罪行。她对这件服装的感情不亚于母亲对孩子的感情。出于母亲的天性，她无论如何绝不会相信自己的孩子会犯错。这种绝望的心情甚至令她想到了辞职。不过，两个小时之后，她又奇迹般地出现在车间里，指导着另一项复杂任务，或进行着另一项创意了。

随着工作的热度越来越高，每天都有新的危机出现，而我每天都要平息它们。我一遍又一遍地重复说，假如样衣出了任何问题只是我一个人的责任，同其他人无关，更不是制作它的车间的问题。但我这种努力显然是徒劳的。每个人都认定我是极端不公正的。这段时间的工作真的令人精疲力竭。负责员工健康的医生告诉我说，这个时期的主流病症一下子变了，不再有风湿，不再有胃痛，全部都是过度劳累造成的头痛，以及因自尊受伤而造成的手指受伤。模特儿们好像都不顾形象了，每天一窝蜂地冲进电梯，甚至不顾等电梯了，跳上楼梯冲进她们各自的车间。似乎她们生命的唯一目的，就是为了看到她们的服装顺利完成。

夜晚降临后，我的办公室重归宁静，整栋大楼也逐渐安静下来。这时候我会坐下来回想这些悲喜交织的种种情景，我的心也随之或悲或喜。我常常感到内疚，因为坦白地说，在这些日子里我常常表现得十分不留情面。我曾连续两次退还样衣，却没顾及它们都是出自同一个车间的。那位裁缝师只得连续两次带着绝望接回样衣，交给手下的女工。可以想象这对于她来说是多么委屈，甚至是一种遭受不公的屈辱。我还曾对某位模特儿说那件衣服不适合她，这让她感觉受到了歧视。当然，她们心里都明白我当然希望她们尽可能地漂亮。她们自己有时候也会觉得某件衣服不配她们，只是她们有时候不愿承认。

委托说情的人也源源不断。有时雷蒙德女士悄悄来到我的办公室，对我说：

“我觉得您应该对埃莉诺好一点儿，她的衣服并没那么糟……”或者：

“您对玛格丽特女士太苛刻了，她特别沮丧。”

而玛格丽特女士也会出现。她和一位裁缝师一起，来为某件遭到淘汰的服装申诉：

“让我留下它吧，迪奥先生。我向您发誓，它一定会成功的。我会挽救它的。”

这时候我总是进退两难：要么批准这件虽然漂亮、但不合适的服装，要么不惜令她们沮丧，伤害她们的感情。

还有另外一种困难。要举办一场长达两个小时的视觉表演，既没有情节，也没有中场休息，这在任何一个剧场制作人看来都是不可思议的。如果在发布会举办前两天的时候有一件衣服从计划单子中被拿掉的话，就会引起一系列的连锁反应。顺序、节奏以及整个表演的平衡都会被打乱。所有的变化都要写到那块有着所有模特儿名字的黑板上。整个计划是在修改和彩排的过程中逐步制定的，并且要遵循若干重要的规则，比如每个模特儿必须穿着每个服装类别中的同一个号码；比如深色和浅色的服装要尽可能错开，尽管浅色服装的数量要少很多；还比如为了周全考虑，那些我们预计销量会很好的款式，就应当与那些极具视觉效果的款式错开。

突然之间，似乎一切又趋于平静了。每个人都在专注地工作，整个大楼也因为这样的专注而变得安静，一切的嘈杂似乎都已经平息下来。接下来我们就将面临彩排了。整场戏剧的倒数第二幕已经开始，故事的高潮即将到来。

第二章
从创意到时装

彩排

尽管时装彩排非常耗费我的精力，然而从某种意义上说，我却从来没有在彩排时缺席过。我无法描述它，我身边的助理也不能。或许他们能记得那次把那件“茨冈”改名为“哈巴妮特”的事，或许能记得某件衣服被拿到车间返工，或者修改扣子的事。但是要让我们谈谈整个彩排的观感，却谁都说不上来，好像没有亲身到场一样。实际上每个人都在场了，而且是从头到尾观看的。这其中包括玛格丽特女士、布里卡尔女士、不可缺席的雷蒙德女士、我的秘书约瑟特·威德默、负责销售的卢林女士、我的两位设计师、五位助手、还有负责公关

迪奥公司模特儿试装

的 M. 德·莫萨布雷和 M. 多纳蒂以及两三名销售员。房间一角摆放着临时需用的包、手套和首饰等配饰。另一边，靠窗坐着两位画家，准备绘制用于宣传的图片。鞋子设计师罗杰·维维耶和销售组织主管米歇尔·布罗德斯基坐在壁炉边。还有公司商业部门的负责人 M. 鲁埃和 M. 查斯特尔。通常这个时候他们都非常忙，只能偶尔跑来感受一下本季时装的气息。尽管我们都在现场，但是却无法对彩排形成一个整体的印象，这是因为我们全都太专注于每件衣服的每个细节了。

这是我对服装进行修改的最后一次机会了，明天它们就将展示给媒体，如果一切顺利，将就此踏上它们自己的成功之旅，不再属于我了。当前这段时间它们依然属于我，因而我非常看重这最后的机会，会专注于我的服装本身，忽略周围其他所有事。显然，公司以外的人是不允许进入彩排现场的。因而对这紧张而难熬的两天，外界并不知情。

但有一次我让一个外人观赏了我们这个神秘的仪式。他是我的一位朋友。我选择他的原因之一是因为他的背景与高级时装完全无关。我让他坐到壁炉架后面观看我们的工作过程。两个月之后，我的忙碌有所缓解并有一点儿空闲了。我就叫他把那天他看到的情形都写下来。以下就是他的记述：

我一进入一层大厅，就好像进入了一个白色的穆斯林世界。穿过一层白色的幕帘之后又看见第二层幕帘。那种感觉就像是被一只神秘之手温柔却有力地阻挡着。我似乎听见有窃窃私语声说着“化妆间”（更衣室）。转过右边，是第三层和第四层帘子，那后面正是我要去的地方—通往走秀大厅的入口。我感觉被一种明亮而洁净的气氛包围着。而且四周极度安静。但这安静中，又像剧场里帷幕拉开之前的瞬间一样，能感觉到幕后的窸窣声。此时一只手温柔地掀起幕帘，指引我进入了圣殿。

我立刻被眼前的景象震撼了。透过一片洁白的光芒，我看清右面摆着两排椅子，都覆盖着白布，上面坐着几个身穿白袍的姑娘。虽然屋顶上悬挂着传统的金色水晶吊灯，但四壁的灰白色以及巨大镜子的布置，令我感觉好像在参加一个幽灵的聚会。接着我又看见地毯上散落着闪闪发光、令人目眩的首饰，如同灰姑娘的嫁妆一般。这些美得夺人心魄的珠宝首饰透射出世间一切的奢华与风流，并呈现出一种美妙而又有序的随意姿态，就像从一位仙女手中挥洒而下。我感觉到一只手亲切地拉着我，并将我引向壁炉旁边角落里的座位。这显然是专门给我安排的位置。我坐了下来，并让自己尽可能地蜷缩起来。

大厅里面还空荡荡的，但不久人们就陆续进来，并各自在位子上坐了下来。他们都看着我，并且小声议论：

“这个人是谁啊？”

这种神秘的气氛令我蜷缩得更厉害了。之后，大概某个人对我的在场进行了某种解释，随之人们耸着肩，发出怀疑、礼貌或好奇的“哦”“啊”的声音。他们议论的声音低极了，天知道为什么这些人说话这样轻声轻气的。经过对我的细致观察，他们显然对自己的结论感到满意，抑或是他们从我的样子看出我显然毫无敌意。于是他们的注意力终于从我身上移开了，我终于得以长出一口气。

这解脱使我得以继续观察四周：我对面是灰姑娘的嫁妆，在舞台四角的射灯照耀下闪着光芒。在房间的一侧，一个衣橱里面塞满了裘皮服装。这令我想起冬天，并禁不住打了个冷战。另一侧则被一张巨大的桌子占据，下面挂着数不清的腰带，上面则像是个珠宝库。一位年老的女士，戴着金匠那样的近视眼镜，正在一丝不苟地整理着这些胸针、耳环，以及黑玉和钻石项链。整理完成之后，她面带一种得意之极的表情。我甚至怀疑她是不是故意弄乱顺序了。离她不远处，站着一位年轻人，穿着一件带有金色纽扣的蓝色夹克。

此时幕帘动了。一位年轻女士掀起它，走进门来宣布道：

“先生们，样衣。”

然后她就笑着转身、走前走后，人们开心地笑了起来。我这才明白，这大概是一种传统的幽默方式，用来在等待的时候打发时间。只听见大家纷纷说道：

“得有人教教她如何走路。”

“你看，我的小宝贝……”

最后这句引起一阵哄堂大笑。显然，这是那位还没到来的老板最常用的口头语。显然被模仿得惟妙惟肖。

我们周围，进来的观众已经逐渐多了起来，座位正逐渐坐满。只有中间的几个座椅还空着。那位置就相当于马德里斗牛场中国王的位置吧？我正幻想着斗牛的事，一位服务生，狼狈地摆脱开门帘的缠绕走了进来。他拿来十把雨伞放在桌上的珠宝旁边，然后就面带紧张而安静地离开了。克里斯蒂安·迪奥的座位很容易被认出，因为那张椅子的装饰比较特殊，左右扶手上各放了一小块亚麻布。我邻座的人告诉我，那是用于放橡皮和蜡笔的。在座椅前面摆着一个凳子，上面有两张长长的白纸和六支削得尖尖的铅笔，还放着一根系着金绳的短棒。

我原以为他的椅子背上一定会标着“克里斯蒂安·迪奥”。因为我曾经在一个电影工作室里面见过一张椅子上标着“勒妮·克莱尔”。而这次却没看到，反而发现那个凳子上莫名其妙地标着“诺埃米”的字样。我的邻座这次看出我是个真正的外行了。她又一次为我指点迷津，一面笑着一面告诉我说，写着“诺埃米”，说明这凳子是从一位叫诺埃米的工人那里借来的。我觉得相当尴尬，只好闭上嘴保持沉默。

天气很热，窗外，蒙田大街的栗树脚下，路面在冒着蒸气。我听见一位女士吓唬另一人说：

“一直到晚上8点之前都不会有冰镇啤酒。”

现在我的手表指针指向1时45分。我站起身靠在壁炉架上。那上面摆着三包香烟、几沓纸，还有一些铅笔和火柴。这时某人说道：

“看来要拖到半夜才能结束。”

所有人都做着长时间鏖战的准备。与此同时，仍然有人不停地来回奔忙着，而我完全不知道他们在干些什么。这时候，一位负责人模样的女士走了进来。她穿着考究，戴着帽子和珠宝。她的到来立刻令整个屋子热烈起来。

“布里卡尔的帽子！”有人喊道，“布里卡尔的样衣！布里卡尔的头巾！布里卡尔的衣服！布里卡尔的鞋子！布里卡尔的首饰！”

看来展示就要开始了。这位引起躁动的女士匆匆到来，又匆匆离去。过了一阵重新进来时，仍是一身漂亮的装束，眼睛上方蒙着一块小小的蓝色面纱，只是这次穿了一件开领的短袖白衬衫。她在我前面落座。我又一次如同发现“诺埃米”一样的惊奇。因为我看见她的衬衫领子上写着“光荣”。看来服装行业的学问，我需要学习的还很多。

这时一位姑娘走了进来，推着一辆说不清年代的四轮装置，上面同样盖着白布。那样子有点儿像古老的海滩摄影机。难道是准备用放映机在屋子里那些幕布上投放电影吗？

被大家叫做“扣子专家”的这位姑娘此时揭开了白布，原来下面是一个纽扣箱，所有纽扣都像集邮册那样编目摆放着。这时随着一阵摆弄衣服和座椅的骚动声，标志着演出即将开始的另一信号出现了。

老板（蒙田大街30号之内的所有人都这样称呼克里斯蒂安·迪奥）进来了。

大家一面放松地低语着，一面迎着他来到他的座位。他微笑着，同几个人握握手，又同另几个人亲吻面颊，拿起他的指挥棒，然后坐了下来。他也穿着一件白袍。现在一切就绪了。座位和人数刚好相等，每个人都坐在了最适合他或她自己的位置上（例

1947 年的“新风貌”女装

如我就最适合远远地坐在壁炉边）。终于，一名高个子男孩掀起幕帘并宣布：

“先生们，样衣。”

好像回应一样，另一个声音紧接着说道：

“旧金山。”

一位模特儿出现了。她在房间里来回走着，那种优雅和平衡的步伐显然比士兵的正步好看。然后她停下站在了那里。因为这是第一件展示服装，所以我认为它可能不是很重要，多少带有暖场的作用。当然它也一定表达了这季的新趋势。我希望能观察出这种新趋势是什么。这时克里斯蒂安·迪奥轻声说道：

“换一顶帽子。要风格更突出一点儿的。具体什么样的呢？我也说不清。”

我这才留意观察这件衣服。之前我根本都没注意到还有帽子。模特儿站在中央一动不动。据专家称，此时她的视线会停留在观众头发发际的高度。这时候一名负责首饰的、两名负责帽子的，还有另外一名助理忙碌了起来。第一个人整理了一下耳环，第二个人和第三个人向她头上用粗布做底，围上很多黑色塔夫绸，并加上一块朦胧面纱。模特儿在这些联合攻击下眨着眼。最后这顶帽子完成并戴在了她的头上。观众席里传出了低声的赞许。但这还是不够让人满意。坐在椅子上的克里斯蒂安·迪奥说：

“应当更有冲击力些。把花加上。”

布里卡尔女士建议采用一块更加非正式些的面纱。玛格丽特女士建议加上黑色丝带。所有这些建议都被一个接一个、并分别组合地进行试验。模特儿一直就像石头一样矗立不动，直到有一块纱碰到了她的睫毛，她才弱弱地小声说：

“别碰到我的眼睛。”

最后迪奥站起身来走上前去，一通轻拍轻捏，一阵别针位置的变换，整个外观就随之改变了。然后他回到座位上轻声说道：

“嗯，这样看起来很漂亮。请再加上两根大的黑玉帽针。”

我觉得我对这所谓的服装彩排终于看出些名堂了。这实际上就是一次全家一同装扮圣诞树的快乐聚会。地上的盒子相当于装饰圣诞树所需的水晶球、灯泡和星星。模特儿就是那棵漂亮又不会说话的大树。每个人都积极参与这装扮的任务。两名帽子助理的手指在她头上灵巧地穿梭。首饰助理则用耳环和项链变着魔术。“扣子专家”挥舞着那份包含所有颜色所有尺寸纽扣的编目。裘皮负责人伸长手臂,随时准备递上披肩或大衣。在我个人看来,这套衣服已经很完美了。当然，在接受公众的评判之前，谁也不能说衣服是完美的。

然而我这理论很快就被推翻了。下一套服装叫做“回旋”，模特儿以一种近乎傲慢的冷漠神情表演了走秀，然后停下来静静地站在那里。好一阵之后，迪奥的指挥棒指向了领口部位，并且清晰地说道：

“我觉得这里实在不美。”

玛格丽特女士站了起来。她旁边的一位男士看起来大概是车间负责制作这件衣服的裁缝师。二人忙碌着放置别针，几只手在衣料里里外外不停地进行调整。一会儿修整肩部，一会儿别住衣边。模特儿仍然漠然地站着，对此视而不见，她的神思好像已经飘到别处了。直到这些调整做完，她才重新回过神来，嘴角重新挂上了一丝微笑。迪奥对修改表示了满意：

“嗯，这回好了……嗯，这样我觉得不错！”

但显然他并不是完全满意。还是有某个地方不对劲儿。缓过神来的模特儿又继续走着、旋转着。突然，迪奥示意她停下别动。

"我知道了，"他说道，"需要再加两颗扣子！扣子专家！"

四轮车微晃着推了过来。接连试了五种黑色扣子—在我看起来都是一样的扣子—直到第六种才获得大家的一致满意。裁缝师拿了别针，极其精确仔细地将这两颗纽扣别在衣服的相应位置上。最后，模特儿又转了个身，然后就带着这件"回旋"离开了。即将走到门口的时候，后面有人又追加了一句：

"再加上一把黑雨伞！"

模特儿们继续进进出出地展示着。每件衣服几乎都有点儿问题，有的是衣服本身，有的是帽子、暖手筒或首饰。偶尔会有一件衣服完美无缺，伴着大家"太美了"的低声赞叹走完全程。而迪奥先生也不会打断模特儿，只是轻声说道：

"啊，太漂亮了！没有比这更漂亮的了！"

时间一分一秒地过去。烟灰缸里已经塞满了沾着口红印的烟头。人们又开始悄悄地分发薄荷糖。两名画家还在快速地画着他们的草图。这时候我注意到人们在传递某种纸条。这些纸条来自放珠宝的桌子，在电话机旁。接电话的女孩在听筒里一阵低语后，就将这些纸条传递给人群，到达它们各自的目标。之后载着回信的这些纸条又从原路返回，而后接电话的女孩再将答复告知那神秘的电话的另一端。如果两次之间有一段空闲，那么这张纸条就会突然变成几块来历不明的奶糖的运载工具。就像蚂蚁搬运食物一样。不过，奶糖分发之后又面临一个新的困难：该如何处理包着奶糖的玻璃纸呢？打开它肯定会弄出声响，必须赶紧捂住这种声响，以免影响别人。对这老鼠偷食一般的声音，屋子里的人们开始纷纷小声埋怨起来。老板有些不耐烦了，他瞪着他的员工们说：

“好了，大家都准备好了吗？罗杰？克莱尔？”

最后，终于有人挺身而出，递给迪奥先生一块奶糖。这至少令他皱着的眉头舒展开了。随着他微笑致谢并接过奶糖，立时，房间里剥糖纸的声音就响成一片，简直像交响乐一样。气氛重新轻松了。主持人继续宣布：

“先生们，样衣。”

彩排的节奏恢复了。随着模特儿脱下外套，并滑落到指尖，评论声又此起彼伏地响起：

“那蝴蝶结应当再突出一些。现在有没系紧的感觉。”

“拿掉裘皮，它和帽子不搭配。”

“小心，你的裙子向左边歪了，衬裙露出来了。珍妮，你去坐在那小凳上，就能明白我说的意思了。”

“帽子还不够感性。用一块大的黑色面纱吧。”

“弗雷德里克，那衣领还不够挺。”

一名助理正在整理帽子顶，迪奥对她说：

“不，不用弄那个了。”

然后他问身边坐着的布里卡尔女士：

“你手里拿的那小东西是什么？对，那个，拿给我。”

“你不能要走它。”她说道。

VOGUE 杂志封面上的迪奥女装

“我就要。”

随后这物件就装饰在了那顶帽子上。来来回回试了很多双手套，又反复拿起放下各种雨伞之后，最后代之以一个暖手筒。随后布里卡尔女士用了很正式的赞美语句，就像斗牛场上的花镖一样正式。

“这个太正式了。用双层面纱吧。不是这个，是那个，不，黑色那个。”

假如某件衣服进入房间之后遭到了太多的批评，那么显然需要作修改的地方就太多了，它只能拿回去返工。

“明天再看这件，”迪奥说，“这是我最后一次看这些衣服了，所以一定要弄好了再拿给我看。”

有一次，因为长时间始终选不出一顶合适的帽子，迪奥先生就礼貌地解释他为何要固执己见：

“这其实不是帽子本身的问题，而是总体比例的问题。”

还有一次，模特儿在众目睽睽之下遭到了严厉的责备。那姑娘当时正在迈着缓步，展示着一件褐色与橘黄相间的服装，老板挥舞着指挥棒说道：

“走快一点儿！”

我看见那模特儿的嘴唇颤抖了一下，那感觉就如同大理石像突然破碎了一角。但是她随后就鼓起勇气克服了心里的刺痛，恢复了微笑。她走出房间之前，迪奥先生安慰了她：

“没关系的，你做得很好。”

随着时间的推移，气氛变得让人有些困倦。模特儿们的脸上都略微带上了倦意。毕竟她们是提前一个季节穿着秋冬的厚衣服。大家都抓紧时间将意见和备忘迅速地记录在那些大张的纸上。

“记下那耳环的钻石没有？五排黑玉……海狸暖手筒……阿拉戴的那件……”

有个别时候，克里斯蒂安·迪奥会高声叫道：

“实在想不出名字。女士们，帮我想个名字。”

这是在为某件衣服命名或改名。迪奥会对某个有趣的提议报以微笑，并说：

“如果有人问为什么叫这个名字，你就说不知道。因为连我也不知道为什么。”

在彩排过程中，我听到人们表达观点的时候常常会用到“女人”这个词。每个行业都有一个特定的词语用来称呼其客户。在时装行业，这个词很简单，就是“女人”。

例如，“女人不会喜欢的”，“女人会一面穿这个，一面……这件很显瘦，女人穿上会很漂亮”。

“女人”这个词带有一种多面性，它的含义同时体现着尊敬和喜爱。

在观看了每一季都有的婚纱展示之后，我行使了我的特权：轻轻挪开面前的两把椅子，穿过大厅，闪过白色幕帘，走到了门外。蒙田大街上阳光明媚。刚看完秋冬时装的展示，此时我看着街上身穿夏装的女士们，觉得这夏天的景象格外亲切。此时我感觉到一阵强烈的冲动，想上前拦住她们并且说：

“这个不好，这个翻边不合适，太长了。”

与此同时，我也感到一种骄傲。我知道了一个秘密。几个星期之后，这个秘密将令这条街上最美的女人都改头换面。我再次回头望了望迪奥公司的窗户。我知道那里面的彩排还要继续进行几个小时，一直持续到夜幕降临。一直持续到那个如同作者和演员临阵之前一般的既疲劳又兴奋的时刻。在那个时刻，他们既会感到一种枯竭，同时又会感到奇迹般的充实。

决战前夜

彩排之后，到本季时装发布会之前还有三天时间，现在是该为新风格命名的时候了。我首先撰写新闻稿，用尽可能准确、通俗的语言介绍本季时装的变化趋势。给新风格命名的事我通常要拖到最后一刻。一般我都是用本季服装中最典型的轮廓形状来命名的。虽然这样很抽象，也很极端，但这种现代标语式的风格能更好地表达当今的流行趋势。

例如在 1955 年，我根据长裙的特征，用字母 A 来命名该系列的风格，接续上一季的命名为 H。之后的 Y 系列，用这个字母的两个分叉的形状表示裙子加长、腰身收细，以及胸部抬高。然而每一季的时装都有很多种不同风格，一个单独的字母 A、H 或 Y 根本不可能全部概括。所以，不论用什么命名，我都必须写出大约四页纸的新闻稿，以便说明本季的流行趋势。我尽可能抱着严肃公正的态度撰写这种稿子。但描写时装的语言很容易不知不觉中就带有某种倾向性。我觉得这很难避免。我在说明稿中列举本季最新时装的主要特征时，也对配饰进行了详细描述，如花边、帽子、裘皮、腰带、首饰、纽扣、手套、雨伞、鞋子、袜子和发型。

与此同时车间里也正在发起最后的奋战。他们已经辛苦努力了四个月，现在到了最后的关键时刻了。在这一阶段，曾经被打回返工的样衣会重新提交上来，打断我撰写新闻稿的工作，要我重新审核批准。为这些样衣说情的人往往是模特儿，或是裁缝师。这种时候我通常都是批准，并且对他们的坚持不懈表示赞扬。这些衣服曾经险些被我这位严格的父亲毁掉前程，现在重新拥有了一个充满希望的未来了。看来对于一位父亲来说，过于严厉和过于溺爱是同样危险的。

这段时间我不论走到哪里，眼里都只有服装。它们在我眼前经过的次数太多了，占据我的思维空间也太多了。视觉和审美疲劳令我无法再客观地判断它们了。我似乎觉得整个系列都不成功。虽然批准了七十多件服装，然而我却感觉似乎什么都没做。更准确地说，什么都没完成。

为了证明我并非什么都没做，我给自己安排了一项任务，就是负责绘制全季服装详表。这个表格会在发布秀当天挂在每个模特儿的化妆台上方。表上列着每款服装的编号、名称和简介、对应配饰的详细清单，以及服装助理所需的全部资料。

表上还会列出走秀的顺序。这一般是依照一定惯例的。首先是西装，然后是正式的外衣、更正式的套装、鸡尾酒会晚装、短晚礼服，最后是壮观华丽的长晚礼服和舞会长裙，以结婚礼服压轴。不过有时候为了增加戏剧性，也会在鸡尾酒晚装中间穿插几套外衣或风格特别的西装。至于那些比较有视觉冲击力的、比较强调本季新趋势的样衣，则一般安排在整个发布秀进行到一半的时候推出。这些款式被称为“特拉法加”，也就是出现在杂志封面，或者占据大幅内页的那些款式，是为今日和未来时装定下基调的款式。发布秀结束后一小时，观众仍然能记得它们。

这些“特拉法加”的命运非常奇特。它们中有些在现实中从来不会被真的穿上。有些可能“重获新生”，重新出现在下一季。但也有的很快就被接受、被穿着并被习以为常。六个月后人们可能会想，为什么当初会觉得它特别呢?

在制定这些规划表的时候，我更多是以我自己的取向为主，不过多考虑公众取向。因为公众的反应比较难以预料。在这个最后阶段，我乐于行使我的权力，再次剔除或者限制某些款式。因为有些款式虽然看起来肯定会很有销路，但其内在影响力如何却很难说。对这类款式我会标上“不面向媒体”，也就是从首次发布秀中拿掉。等到其发布时中间也往往会间隔很长的时间。

这样做自然会引起抗议和悲伤。例如阿拉就会带着她那独特的、强忍悲伤的神情，悄无声息地走进我的办公室。那气氛实在是令人难过，甚至不用等她开口说话，只看见她那一半斯拉夫一半满族的眼睛里流露的眼神，我就明白了一切：

“你希望留下那件衣服，是吗？”

“是啊，求你了，迪奥先生，那件是最棒的……”

“但是阿拉，它和上季你穿过的那件很像。”

“先生，我觉得它肯定能成功的。”

转念一想，其实我也可以把这看做是公众的第一反应吧。阿拉是女人，她喜爱时装，而且显然很懂得时装。我正在这样心里动摇着，阿拉又回来了，身上穿着那件等待决定命运的衣服，这情景使我别无选择，终于屈服了。不过话说回来，不论这些模特儿或裁缝师们再如何软磨硬泡（他们的伎俩我全都了解），我还是坚持以整个系列的利益为重的。必须严格保持全系列的完整性与协调性，那样才能令它的意义不被破坏。

现在整个大楼已经像一个蚂蚁窝一样了。真的，我看着学徒工们搬着大盒子和裘皮衣服在楼道里匆匆忙忙鱼贯而过，就想起了蚂蚁。他们匆忙而又专注，彼此擦肩而过却都默默无声。如果有谁掉落了东西，后面的人就静静地拾起来。穿着白袍、脖子上挂着皮尺匆匆跑过的男孩、修理金色椅子的工人、粉刷门口招牌上的银色字母的油漆匠，所有这些人都一刻不停地流动着，更神奇的是这种流动好像总是朝着一个方向。他们对这楼里迷宫一样的道路熟悉至极。可能刚从这个楼梯上楼，一会儿又从另一个楼梯下来了。如果你是到访公司的客人，可能会感到惊奇，因为你一路走着的时候，十五分钟之内可能会四次看见同一批人从你眼前经过。

员工们一丝不苟的态度就如同宗教仪式上的僧侣一般。平日总是嬉笑的模特儿们，此时都眉头微锁、全神贯注地走向通往走秀大厅的过道。而我此时也顾不上像平日那样地招呼她们了：

“你好吗，亲爱的？”或“没太累吧，小宝贝？”

媒体方面的事务也让我倍感压力。在这方面，时装发布会和戏剧公映有相似之处，在媒体和评论家面前的首次亮相是非常重要的。我认为时装评论专家比戏剧评论家更专业些。然而作为时装设计师还是难免会紧张，因为他的作品即将接受无情的检验。每年我都要经历两次这样的精神折磨。有人说这会增加刺激感，但我却很不喜欢这种感受，就像从前不喜欢考试一样。我的朋友们为了安慰我，就骗我说经常性地克服恐惧可以延缓衰老。鬼才相信。

出入迪奥公司的明星们

随着发布日渐渐临近，忙碌的中心也从设计室转移到了走秀大厅。公关部门是心脏，一刻不停地向各处输送血液。德·莫萨布雷女士和多纳蒂女士都搬到了楼下办公，专门负责与发布会有关的事项。她们要应付大量有关程序的问题。两个厅和一个平台，这原本仅够容纳两百五十人的空间必须要设法塞进三百人，同时还要把通道留给模特儿们。至于要牺牲哪些来宾，则既要遵循公正原则，又需要考虑一种很复杂的等级划分。通常是我们最好最亲密的朋友们都被安排在较差的位置，诸如门廊、角落里，甚至楼梯上。这些位置的视线很可能相当不佳。不过，朋友们总是会宽容与体谅的。至少我们希望如此。

每个座位的具体安排都要考虑详尽周到。有的人有固定习惯，如果被调换就会很难接受。有的记者可能换了报社，有的上次还是结伴而来的几个朋友可能这次已经分道扬镳，还有本季前出现的新的报社，或者地位变得更重要的报社。每个记者的座位安排既要考虑到他所在报社的地位，也要考虑他本人的威望。就算考虑得如此周到，有时还是会因为预料不到的临时事件而调整计划。例如某次一家美国报社在来函中对座位的要求附上了如下一段有意思的话：

> 希望能为X夫人在小厅安排一张较舒适的扶手椅，位置靠近出口处。因为她正怀孕，并在发布会期间临近产期，所以希望在万一出现紧急状况时能够快速地离开现场，同时不惊扰到别人。

个别情况下也有人特意要求坐在楼梯上，因为他们患有幽闭恐惧症。不过绝大多数时候，要求得最多的当然是大厅的前几排座位。众口难调，因而媒体事务部门的人就需要懂得用每一种语言礼貌地说“不”。

在我的办公室里已经堆起了一大堆粉色的纸条，我正在用这些纸条计算并确定每件服装的价格。可能有人对我亲自制定价格感到意外，因为我从不参与管理工作和销售工作。但这些服装的价格是一项非常重要的指标。每件衣服都是一份内容详尽的档案，包含了所耗工时、手工成本以及衣料成本。再加上额外开销、缴纳的税及必要的盈利，就能很容易计算出价格。

不过，虽然是经过认真计算出来的，这些价格还不一定就是最终的实际价格。有些外观不太显眼的服装可能要花费很长时间来制作，而某些外观吸引人的款式可能制作过程很简单。但是因为服装都是根据款型定价销售的，所以我就需要把某些款式的价格调低，某些款式的价格调高。牺牲的通常是那些羊毛外套或便装的制作成本，它们一般无法卖到好价钱，然而它们的制作，尤其是打褶的款式，是极为费工的。但如果我们解释说制作一件日常便装其实和制作一件华丽的舞会长裙是一样花费心血的，那么顾客是不会理解的。

现在价格定好了，公共事务也协调好了，系列命名已经完毕，最后的试穿也已完成。这发布之前的最后一晚，我们通常要加班到半夜。我们通常将这一晚叫做“决战前夜”。我们都累得快要到达极限，神经已经处于崩溃的边缘。这时候存在着双重心理：一方面很紧张，觉得什么都没有准备就绪，一切都会出问题，甚至要大难临头了；另一方面又觉得很自信，盲目地乐观，甚至宿命地认为一切都会顺利。不论怎样，反正现在做什么都来不及了。

这个晚上，我会召集几个朋友一起来支持我。他们来到我的设计室并坐在周围的椅子和凳子上。镜子旁边的灯异常明亮。最后几件刺绣服装的衣片送来了，并很快合成了完整的衣服。模特儿们已经累得目光呆滞，但还是穿上了它们，在镜子前面慢慢来回走动着，在灯光下如蜉蝣一般一闪一闪地刺着我们疲惫的双眼。我看着有点儿发蔫的勒妮，她脸上的微笑越来越僵硬。但这件衣服还要修改最后一个细节，所以她和我都必须继续坚持。终于别好了最后一根别针，接下来轮到克莱尔了。这是她第二次试穿这件婚纱。婚纱是发布秀的压轴戏，而每次都是由克莱尔表演。即便她到了当奶奶的年龄，再穿上婚纱也不会令我失望，因为她就是年轻新娘的化身。

随后，最后赶制的一批样衣到了。这些是在彩排之后决定的，有的是为了突出本系列的主导趋势，有的是为了填补系列中间的某些空白。这批样衣实在是奇迹，前一天晚上设计，第二天一早就制作完成了，毫不含糊。

现在也是决定那些待定样衣的时候了。维克多瓦走了进来，像个战士一样神情坚定，好像抱着必胜的决心。她带着自信的微笑轻快地转了一圈，并在半途假装羞怯地停顿了一下。

几个小时过去了，我已经浑身疲惫，并且由疲倦而头脑接近空白。我必须尽力集中我的注意力，直到最后一件衣服审批完。面前摆着一大堆三明治、蛋糕和红酒。突然之间我感到一股莫名其妙的满足感，这大概是由于经过思维枯竭的折磨、长时间拿不定主意的煎熬，以及身处同事中间的快乐感造成的。只有最基本的感受能显现出来。尽管疲劳，但是我们还是能体会到那种大家共同努力终于收获成果的幸福感。不过，工作还没最终结束，还有几件样衣要审。什么时候才能结束呢？我们只好再次坐下。

凌晨三点，我们充满深情地彼此道别。尽管疲劳过度，尽管精神错乱，但我们的良心得到了安宁。我们至少知道，人人都已经尽了最大的努力。

发布秀

通常我每天早上起床都是一件艰难的事，不过在这个特殊的早上却很早就起来了，尽管头天晚上睡得很晚。我要尽早地到达蒙田大街。一般我们是在 8 月发布冬季系列，而此时的巴黎街头正是一幅盛夏的景致。我到了蒙田大街 30 号门外，注视着大门片刻，想象着过一会儿即将在那里面发生的景象。我迫不及待地来到走秀大厅。现在还空无一人，再过一会儿那一排排的镀金椅子上就会坐满前来出席的宾客，人挨人，人挤人。旁边布置的鲜花吸引了我的注意。我太喜欢花了，因而肯定要抓住一切机会满足一下我的兴致。我指挥着：这里多摆一束玫瑰，那边多摆一束康乃馨。一会儿我又叫人将一把旧椅子搬走，一会儿我又从地毯上捡起一根线头。这时罗贝尔·德·莫萨布雷从大厅另一端走过来，并滔滔不绝地向我讲述他如何受到戏剧史的启发而重新布置了座位。我安慰了他，并下楼去商店里看看。

名模贝蒂娜身着迪奥设计的衣服

店里也是昨天一晚都在加班。我之前已经大致观察了一下哪些方面需要调整，并且提出了一些建议和鼓励。此时所有员工都到了，他们看似有些闲散，不过还是等待着我来评判他们已经做完的工作。我对鲜花摆放提了些建议：

“色彩不够鲜明。”

“丝带再多露出一点儿。”

我一边走到各个位置来回仔细观察，一边发出命令：

“把那个手套橱窗前的假模特儿挪一挪，挡住橱窗了。”

“门旁边为什么摆了一条黑裙子呢，应当摆一条浅颜色的。”

我努力希望每件物品都带上情绪。时装发布会就像一个节日，因而所有相关的装饰都应该有一种欢乐和浪漫的气息，就像房间里的芳香味道一样。

“再喷些香水。”

这时是 9 点钟。从窗口望出去，阳光透过栗树斑驳地洒在了街道上。汽车渐渐多了起来。门口也逐渐汇集了一些人。空气里充满彼此寒暄和欢笑的声音。所有到来的顾客都起得很早，随着她们的到来，也给这里带来了一股节日般的气氛。我非常感激她们，同时也很害怕她们。

设计室里还有三四套样衣在等待我批准。员工们从早上 6 点起就一直在对它们进行最后的细微处理。这些通常是外套，搭配礼服或刺绣舞会长礼服，因而它们完成得最晚。审查这套服装是个让我打发时间的办法。最后终于都完成了。已经不可能再有什么改动了。

随着第一位顾客进入走秀大厅，就标志着一整套事先精心策划的演出程序就此启动了。顾客到来的消息以及椅子挪动的声音一同传到更衣室，模特儿们就开始躁动起来。

“顾客已经到啦。”

在走秀厅和后台这两个世界之间只有一种真正的联系，那就是不断蔓延着的人们的情绪。当这种联系建立之前，双方则怀着揣测的心情静静等待。而我此时则独自待在一旁，反复问自己：

“我的设计创意够新颖吗？”

“这些新颖的创意实用吗？”

“样衣会达到预想中的效果吗？”

事实上，我已经不再有资格评判了。世上最苛刻、最刁难的评审团此刻已经在隔壁聚齐了。我只能等待他们的宣判。我现在已经不能有所为，只能由模特儿们来充当我的律师了。我只希望我的服装把她们装扮得越美越好，也就是让这些律师们显得越有说服力越好。只有她们能为我的人格作证。看到我像个可怜的犯人，我的朋友们纷纷来到被告席安慰我。其实他们心里跟我一样紧张，所以我们都彼此赠以极不自然的笑容。

9时45分，更衣室里已经是一片混乱。怎么能不乱呢？在这个通常只能容纳十二个人的屋子里，现在除了模特儿们和更衣室负责人德·图克汉女士之外，又挤进了玛格丽特女士、十名服装助理、所有的裁缝师和裁缝们、三名发型师，还有我的两位随身助理。其间还有工人忙着搬运衣服和配饰。因为他们时刻都在流动着，所以才能同时容纳这么多人。有匆匆忙忙跑前跑后的，有运送样衣、首饰和梳子的，有互相亲热的，有互相打闹的，每个人都能找到各自的空间。每次发布会之前的早上我都能见到这种景象，每次都感到十分惊奇。

我进来的时候，模特儿们正穿着白色长袍化妆或做发型。人们很容易认为在这间时装秀的更衣室里一定经常有脱衣的镜头。实际上，这里比剧院的后台还要严肃，而且禁止穿戴不整。只有到了换装的时候，模特儿们才会脱掉白色长袍，而那一瞬间显露的身穿胸罩和束腰的身躯，跟在一个保守的海滩上见到的景象没什么区别。在模特儿们脸上，所有疲劳的迹象全都奇迹般地一扫而光。她们达到了最佳的精神状态，全都像新娘一般美丽和光彩四射。为了这一天，她们辛苦准备了六个星期。现在她们终于要走上秀台去征服观众，把全新的时装展示给他们了。

维克多瓦此时神情肃穆，就如同准备踏上祭坛牺牲自我的伊菲吉

1948 年“新风貌”女装系列

妮娅[1]。吕琦正进入专注状态。对于她来说，每次走秀都是一次全新的蜕变。当她坐下休息的时候，会显得疲惫不堪，然而一旦她站起来，就会立刻精神焕发神采奕奕。吕琦对时装有着天才的领悟力，她的表演能够将时装演绎为一出喜剧或一出悲剧。莉娅坐在一旁正认真地化着妆，不小心腮红画得不匀，像个小姑娘那样撅起了嘴。这时，有人进来报告说首批重要客人已经到达。一瞬间，每张脸都立即转向镜子，专注地对各自的容颜进行最后的完善。

布满鲜花、灯火通明的大厅里，客人已经渐渐坐满了。这里有一种轻松、现实的气氛，和剧场那种气氛颇为不同。这里没有庄重的红

① Iphigenia：希腊神话中阿伽门农的女儿。

色幕布，没有排得整齐的座椅，总之没有那种即将上演严肃节目的气氛。这里的路易十六风格的座椅，虽然数量有限，但却摆出了一种在客厅里欣赏喜剧的氛围。

更衣室里的电话从不间断。玛格丽特女士正打电话催促车间赶快将缺少的几件样衣送来。这种情况自从公司成立以来每一季都会发生。每次我都强调，一定要在前一天晚上将所有样衣取下来，并在衣橱里摆放到位。然而每次都是这样，估计将来也一直会是这样。裁缝师们总是喜欢把他们最喜爱的作品留到最后时刻。发布会的前一天晚上，他们把样衣留在假模特儿身上，然后黯然地悄悄离开车间。在车间，这些样衣仍然属于它们的创造者，而一旦运到楼下，裁缝师们就会有一种奇怪的感觉，好像他们的作品被偷走了。他们这种感情也在我心里产生了剧烈的共鸣。想到这些服装未来的命运，我常常会感到难过和刺痛。因为我对它们倾注了大量的感情和心血，令它们有朝一日能在灯光下绽放光彩。而今后的日子，它们就可能漂泊到这里或那里，可能被忽视，甚至可能被糟蹋。我无法阻止任何事，但依然感到难过。除却个别例外的情况，我从没有在发布会之后再次见到我的时装。我很害怕再次遇到这些老友般的样衣，因为接触了公众、接触了商业之后，它们肯定已经变了。它们只会变得离我越来越远。

大厅里已经满了。连楼梯上都挤满了人。观众一直挤到了最上层的台阶，从那里伸长脖子，甚至能看到维克多瓦的帽子（她是模特儿里面个子最矮的一位）。靠着楼梯的铁艺栏杆，如果位置靠前排，就能看到完整的模特儿。如果位置够高，就能看到舞会长裙的袖口。如果位置差的话，也许就只能看见一只鞋的鞋尖了。如果楼梯比较空的话，那么作为看台还是很舒适的。演出开始前半小时，只有两个人舒舒服服地并排坐在那里。然而二十分钟后，他们已经被淹没在随后到达的人堆里了。整个楼梯现在看起来就像一艘严重超载的客船，并且看上去有沉没的危险。我的一部分幸运的员工也在大厅里各自就位。有的在小块空地的椅子上，有的坐在窗台上，其余的分散在各处的缝隙角落中。在楼梯的最顶端是一群身穿白袍的学徒工。他们趁着车间主任不注意溜了出来。

10 时 25 分。

我让雷蒙德女士下楼去看看大厅里的情况。我需要知道最重要的客人是否已经到达。缺少了他们，发布会是无法开始的。她回来告诉我说他们已经来了。一眨眼的工夫，模特儿们就准备好了。她们很快在通向大厅的窄窄过道里排成一队。更衣室里面的气氛格外紧张，我想大厅里的观众一定也感受到了这种气氛。模特儿和观众们都紧张地期待着接下来会发生的事情。随着雷蒙德女士发出轻轻的“嘘”声作为信号，队首的模特儿就知道可以开始了。而我则躲在我的帘子后面，为她们祈祷。

在模特儿穿戴好时装即将走上灯光下的秀台那一瞬间，才是我真正领略我的时装的魅力的时刻。不管多么疲倦，这短短的一刻却总能令我快乐。模特儿们和她们身上的时装此刻在我看来真是前所未有的可爱。虽然这些样衣的最终命运还未可知，但当亲眼看着我的梦想变为现实的时候，所有的心血和努力都得到了回报，我感到非常满足。

观众席上的人们怀着期待的心情聚精会神地坐在那里。期待的结果可能是满意，也可能是失望。有的观众不时站起身来向别处的熟人招手，迟到入场的人们正在找节目单。坐着的观众们有人在传递着糖果，有人在点烟。一个女孩穿行在座位的缝隙间，向人们发放扇子。

当第一个模特儿走进来的时候，霎时全场一片安静，所有人都坐了下来。站在入口处的主持人随即宣布样衣的名称和号码，并用英文重复号码："第十四号：《苏格兰》，十四。"

模特儿穿过大厅，做一个转身，然后穿过座位之间窄窄的通道，进入偏厅。偏厅入口处的另一位主持人此时正在重复样衣的号码和名称。然后台上的主持人第三次重复：

"第十四号：《苏格兰》，十四。"

此时幕帘后面的我们是最难熬的。前二十分钟因期待和焦虑显得安静而凝重。我几乎不敢问模特儿们效果如何。看到气氛轻松，我才鼓足勇气向她们问几个重要的问题。而她们自信地回答：

"是的，迪奥先生，那件衣服太成功了。"

或者：

"我简直引起轰动了。"

然而我却仍然屏住呼吸，直到听见掌声第一次响起。这时我们才真正露出满意的笑容。我上前亲吻这位模特儿的两颊以示祝贺，其他模特儿们也纷纷上来祝贺，虽然她们是竞争对手。然而"一花独放不是春"，直到接连爆发多次掌声，才形成真正热烈的气氛。之后节奏就加快了，模特儿们换衣的时候频频向我传来捷报：

“真的很棒！”

“我又收到掌声了！”

我激动地期待她们给我更详细的描述。

“你觉得像上一季一样成功吗？”

模特儿们一边急着奋力把裙子套过脑袋，一边匆匆地给予我肯定的答复。事实上，她们在走秀的过程中，是无法准确地判断观众的反应的。因而她们的报告虽然振奋人心，却常常含糊，比如：

“我觉得他们挺热情的。”

我记得最有意思的一次反应是模特儿弗朗士。她走下台之后坐了

杂志封面上的迪奥女装

下来，交叉双腿，慢悠悠、郑重其事地用她那童真般的语气说道：

“天啊！我把他们都迷晕了！”

当然并非每件衣服都是成功的。面对失败，模特儿们的反应各不相同。以机灵风趣见长的塔尼亚往往会不承认失败。她从大厅里回来，用俄语不停地斥责那些不识货的观众。那副神情，就像要把他们的眼珠挖出来一般。但其他大多数模特儿在这种情况下通常都一言不发，匆匆换好下一套服装，然后回到秀台重新投入战斗。

有时候突发的意外状况会把我们吓蒙。例如突然裙边掉落了下来，助理们只好赶快慌张地用上好几个别针，希望能瞒过观众。然后我们唯一能做的就是忐忑不安地看着模特儿，只盼结果不要太糟。我的随身助理给模特儿递上一把伞，而我给她脖子上系上一条丝巾，希望以此转移观众的视线。雷蒙德女士看见裙边从风衣下面掉落的一瞬间，心跳都差点儿停了。幸运的是，除了她之外，观众并未注意到。

吕琦停下脚步，做一个转身，然后让外套滑落到指尖，做个亮相的架势。观众立刻爆发出一阵掌声。有时候某种颜色搭配，或某个领口的形状，就会神奇地引来掌声。观众们只注意到这些亮点，并不知道它们背后其实还有小小的瑕疵。这就是时装秀现场的迷人之处。观众甚至会为一件只完成了一半刺绣的服装鼓掌，而并不知道这件衣服随后就要立刻拿去返工修补。如果是一件简单的黑裙子则不会这样，因为这种服装的成功取决于整体的严谨设计。

如果一切顺利，那么大约在展示第三十套服装的时候，大厅的气氛就进入状态了。雷蒙德女士此时会从观察岗位上离开一会儿，向我汇报更衣室里面的情况。

“老板，我认为一切都会很顺利。”

我知道她一向谨慎，从不盲目乐观。只有在确信顺利的情况下才会来告诉我。因此我又重新拾起信心。不过，在随后的走秀过程中我还是会一次又一次地紧张。

雷蒙德女士是走秀大厅的专家。她甚至能分辨出记者们的掌声和我的朋友们的掌声的区别。前一种掌声是带着职业色彩的，记者们也会对某件服装有个人喜好，不过首先却是一种职业性质的鉴赏。后一种掌声则更加自然，不带压力。不管怎么说，两种掌声都令我们高兴。

雷蒙德女士闭着眼睛都能记起每件衣服受到欢迎时的详细情形。例如，她可以记起那件罗缎“裁缝”长裙在大厅赢得了掌声，之后偏厅也给予掌声，而楼梯那里则欢呼雀跃。雷蒙德女士完全可以写一篇题为“高级女装与掌声”的论文，论述从开头的一般鼓掌到最后的沸腾欢呼的一系列不同掌声，当然也包括给予华丽舞会长裙的雷鸣一般的掌声。

雷蒙德女士还有一项专长就是能从远处听懂人们的窃窃私语。她能分辨那些感叹声是赞美还是批评。在某模特儿走台时，她能听出一阵低声议论传达着一种兴味索然的情绪。而如果这种低声议论发生在一阵掌声之后，则属于赞叹和欢迎的延续。在演出结束时，雷蒙德女士也会和观众一起高举手臂欢呼。一些朋友说这种喧闹的欢呼方式显得有些粗俗，但我得承认我自己非常喜欢。

表演进行到差不多一半的时候，大厅里的人们开始疲倦起来。只用半小时的时间，本季时装的命运就明确了。媒体已经了解了新的风格，并且已经逐渐适应着观赏它们。观众此时需要放松一下精神。不知什么原因，整个大厅里的所有女士们惬意地当了一个小时的观众之后，她们忽然意识到自己的形象问题，于是赶快修补妆容，并且都像个小偷一样悄悄地用粉饼拍着鼻子。有的趁机点燃一支香烟，有的查看一下手提包是否还在身边，有的把刚才解下的围巾重新戴上。

所有这些细节都是别人讲给我的，因为我从来不进大厅。这时雷蒙德女士会递来一张纸条，上面仅用铅笔写着一个词："加速"。

现在是 11 时 45 分，更衣室里混乱至极。雷蒙德女士不得不花时间来整理队伍，因为有的模特儿落后了，还有的模特儿加塞儿跑到前面去了。日装部分的走秀已经完毕，接下来就是关键的晚装部分了。

发型师在模特儿们身边忙碌着，自信得像是在跳芭蕾。而模特儿们也正像所有做头发的女人一样，坐在那里岿然不动。模特儿需要的假发还没送来，我要等到来了才能分发给她们。这时台上的勒妮口渴要水喝，就在台上一饮而尽，一点儿也不担心会洒到裙子上。我们时不时和服装助理争论着，互相打断着，其间我还要将几个无关的学徒工赶出更衣室："女士们，请离开这里好吗？"

第一批舞会长袍从天而降，它们在更衣室外的阳台被抛下，直接落到大家的头顶，有的甚至包住了某人的头。笑声和抗议的尖叫声响成一片。当模特儿们排好队伍之后，楼上某个不靠谱的家伙轻声说道：

"可惜我的衣服由玛格达穿了，如果由珍妮穿会好得多。"

我立刻愤怒地站起来：

“给我下楼来，你这个讨厌的捣蛋鬼！”

我亲自决定各款式的展出顺序，就像一个烟火表演总指挥，要详细指挥他的节目顺序。先是短晚礼服，然后是长裘皮装、长礼服，最后是镶满刺绣的巨大的舞会长裙。我的模特儿们就像一支闪闪发光的舰队一样出发了，每只船都全速向前航行着，用新时装去征服这个世界。

整个表演的最后一项是克莱尔的婚纱秀。克莱尔是一位天才的模特儿，并且非常热爱这一行。她已经结婚好几年了，然而仍然是所有模特儿里扮年轻新娘的最佳人选。当好这一角色并不简单，而且关于它还有一种迷信。制作婚纱的姑娘们通常会把自己的一束头发缝进裙边，以祝愿来年自己能找到如意郎君。而这对于穿着它们的模特儿来说则是一种不吉利，预示着无法找到好姻缘。

最后一轮走秀结束了。模特儿们回到更衣室，摘掉手套，收拾好首饰，然后立刻疲惫地瘫倒在桌子前。克莱尔从特别隔间的小小旋转楼梯上走下去，去做她的准备。在两名几乎埋在拖裙里的学徒的帮助下，她神奇地通过了那条狭窄的通道。

现在她进入了大厅，学徒将拖裙交给女傧相。戴在克莱尔头上的面纱，不久之前还是一块普通雪纺而已，现在却如同一朵轻柔的白云。主持人宣布道：

“华丽的结婚礼服。”

像接到指令一般，随着克莱尔开始她的白色走秀，更衣室里安静了下来。从普通女工到雷蒙德女士和我，每个人都焦急地想知道她会得到如何的回应。她收到的掌声将远不是给她个人的，而是给整个本季服装的。

她已经表演完婚纱了吗？真不敢相信。我觉得好像她刚刚才离开，现在一切就已经结束了。克莱尔回来了，一同到来的还有激动人心的掌声。伴随着人们离开座椅、挪开烟灰缸的杂乱声音，观众们分成了一个个小群体，他们有些在赞许地点着头，有些在争论着本季时装的某些问题。这个小小的高级女装的世界又回来了。

大厅里的每个人都活跃着，大家都在自由地交换着意见：赞扬、争论、批评或是议论。与此同时服务生正在搭建香槟塔。随后每个人都举杯，为新时装而干杯。

之前我都是在幕帘后面听着，现在我得亲身面对这些话语声、笑声、欢呼声、叹气声了。这对于我来说是一个恐怖的时刻。我只好暂时停止装聋作哑，投入到朋友们热情而温暖的行列中来。之所以说那是个恐怖的时刻，是因为从发布会一开始我就有的那种恐惧心情现在达到了顶点。然而这也是一个美妙的时刻，因为我一直担心不来的那些朋友们，此刻终于见到了。一轮又一轮的敬酒使我手臂发抖，同时不停地亲吻着各种香水味道的面颊，不时接受着员工们的祝贺，听着那些对我的时装的夸张溢美之词：

“天才！”“令人崇拜！”“令人陶醉！”

每个人都在说着我的名字。我很想感谢大厅里的每一个人，并告诉他们能令他们满意我是何等荣幸。这嘈杂和喜悦的气氛几乎让我感到眩晕。然而忙里偷闲，我还要回答一位记者，他问我最喜爱的是哪一件服装。

“全都喜爱，”我回答说，“它们就是我的孩子，我就像喜爱每一个孩子一样，喜爱它们全部……”

我每年都见到这些人两次，而且都是在这种充满感人气氛的场合中。这使得我们之间建立起了一种亲密的感情，甚至胜于血缘关系。我不知道其他时装公司的时装秀结束之后，会不会有类似的亲吻狂欢，但我觉得乐于表达情感是人类的天性。我知道我今天一定亲吻遍了每一个人的脸。我自己的脸也被口红印盖满了，这也是我成功的佐证。顺带说一句，红色是我的幸运色。

模特儿们此时终于可以放松了。她们换好了衣服来到大厅里，随便散坐在那里，啜着手中的香槟。她们由于过度紧张劳累而仍然有些微微发抖，然而脸上却挂着笑容，一种既满足又疲倦的笑容。过一会儿我将去更衣室，和模特儿们以及裁缝师们一起，为我们的成功举杯。随着精神放松下来，我现在感觉到全身精疲力竭。能感觉到累，几乎是一种甜蜜的滋味。我恍恍惚惚地随意回答着不知是从哪里冒出来的问题，脑子里只想着一件事：本季的发布会终于结束了，坐在这里好好享受这快乐吧。

我真想喊出来：

“完成了，终于完成了！”

与此同时我意识到，明天我面临的将是一种难耐的空虚。我的生活一直是围绕着每一季的时装，以及伴随其中的喜怒哀乐而展开。现在我就要失去它们了。从明天开始，我将感受不到它们了。虽然休假有各种各样的好处，然而它却是一段无奈的空白。随着大厅里的人群散去，我失神地想着刚才还充斥在这里的那些服装。谁知道明天它们将会怎样？现在它们应该已经回到衣橱里了，像饮空了的酒杯一样被遗忘在一旁。此刻才是我最后一次好好审视它们并由衷感谢它们的时候。

服装的罗曼史

每季时装设计完成并且展示结束后，它的命运就真正开始了。每一件服装将由此起程，走向其商业成功之路。这一任务是由另外一些人接手完成的。在这些人眼里，我是个不寻常的父亲，因为一旦时装发布结束，我就对我的这些孩子们丧失了兴趣，不再见它们了。

因为现在它们已经不再是我的孩子，而变成一件件商品了。在发布会当晚，它们就已经开始迎接商户们的检阅了。

首先到来的是美国的巨商代表，由他们驻巴黎机构的代表陪同。他们喜欢享有优先的座位，像媒体记者一样。为此他们要支付一笔不

“酒吧装”，1947 年，黑白草图

小的款项。我们要求他们预付一大笔钱作为保证金，以防他们在发布会期间不作任何订购。卢林女士和米纳西安女士也和之前的新闻官一样，密切关注着大厅里的这些重要座位。纽约和芝加哥的代表们坐在一起，旧金山的代表们则坐在一处阳伞下面，波士顿的在窗户对面，他们和蒙特利尔的代表们一同占据了一整排座位。我们需要让每个人都能看出她是最特别、最重要的客户，同时也要在这个有限的空间里尽可能多塞进些人。早晨还被记者们忽略的这间小厅，这时已经富豪云集。因为人相对较少，因而这里也相对不容易被人们留意到。为了取悦这些客户，我们还在房间里放上屏风，以便他们可以在一个相对隐私的环境里观看时装秀。

客户座位的位置好坏一般是根据他们商铺的实力地位高低来进行安排的。也有某些特殊的例外。比如有一次米纳西安女士笑着过来报告说，她这次为某位客户安排的座位不如上季的好。

“这是惩罚。因为春季的时候她订购得太少了。”

第一批客人大约 3 点钟到达。他们彼此都认识。我们也都认识他们。多年来，我们已经变得像一个家庭一样。不过，毕竟他们都是很严谨的职业客户，因而大家并不会花太多时间闲聊。每个人都表情严肃，喜怒不形于色。每个人都不愿流露出她对某件衣服的偏爱，不希望竞争对手看出她的喜好。这就使得位置安排变得尤为重要。既不能偏袒某人，又不能忽视某人，这令卢林女士颇感头疼。

上午刚刚经历了热烈欢呼的模特儿们，此时面对的却是一群冷静而漠然的观众。这种骤冷骤热的反差正像模特儿的职业生涯一样。此时服装已经不再是一件用于欣赏的艺术品，而是一件用于商业竞争的武器了。姑娘们仍然沉浸在上午的荣耀和欢乐中，而如今身处这种凝重的氛围显然感到不适应。然而她们仍然尽自己的努力做好工作，期待赢得掌声。不过，唯一有可能收到掌声的只有舞会长裙。因为商户们很少订购，所以也仅用欣赏的眼光看待它。

我不指望这群冷静的专业观众能有任何热烈的反应（即便鼓掌，他们也从来不给心里真正喜欢的款式鼓掌），然而我却可以观察他们的安静程度。他们的反应越安静、安静的时间越长，就越说明这件衣服是成功的。他们全神贯注地观察每件衣服的每个最微小的细节。诚信的商户绝对不会不订购而只抄袭。他们会增加订购，同时也尽可能地记住那些没有订购的服装的细节。因此他们总是高度集中精神，不放过任何东西。

随着克莱尔的表演结束，走回更衣室，大厅里的人们就开始谈论起来。每个人都止不住要对刚刚看完的展示发表意见。一些商户开始急着寻找他们的专人销售员，以便赶快订购。一部分买主会比较慎重，打算再看一遍展示。另一些则不得不当晚就签下订单，例如加拿大的代表，因为第二天他们就要乘飞机回国了。

这些可怜的衣服。看看它们的命运吧。因为买家有权彻底检查样衣，因而接下来的几个钟头这些衣服可能会遭到仔细查看、测量、里外翻转、拆开线脚，甚至被分解，以便发现其中的秘密。还好，刺绣和纽扣没有被扯下来当做纪念品。在这期间，我是不愿进入大厅目睹这一残忍过程的，因为那会让我自己同这些衣服一样痛苦。

新闻官催促着要拿某几件服装去拍照，米纳西安女士则正要把它们拿给某位不耐烦的客户。一名销售员正在寻找某件款式，而车间也同时要将它拿去为顾客量身修改尺寸。所有人都同时要同一件衣服，所有人也都说："只需要五分钟。"

忙乱过后，通常已经是很晚了。卢林女士看起来永远是那么的快乐、风趣，并且不知疲倦。此刻她仍然精神十足，于是约上几位来自世界各地的时装界的姐妹们，到街上去放松心情，解除一天工作之后的疲劳，并享受这"纵情的巴黎"。

第二天来的客户是厂家。因为很多大商户的代表需要第二次观看展示，所以场面比前一天还要混乱。每扇门、每道屏风后面、每级楼梯上面，随处都是两个人在生动地谈论着，一个买，一个卖。过道里不时有人趺趺撞撞地走过，可能正在寻找某件找不到的样衣。热闹一直要持续到晚上。从外面路过的人，看见蒙田大街和弗朗索瓦一路这灯火通明的建筑，大概不会知道这外表平静的建筑里面正上演着尔虞我诈的荒唐剧。

到了晚上，销售员们都已经疲惫不堪，客户们的精力也已经快消耗到极限了。如果再持续一段时间，恐怕我们要给他们准备加餐了。

喝过香槟和威士忌后，大家又重振了些许精神，继续忙碌起来。每位买家都有其独特的喜好，她可能偏爱某间大厅、某个模特儿，同时也有她独特的怪癖，以及她自己的一套笑话。在这混乱的人群中，卢林女士总能左右逢源。她能叫出每个人的名字，而且即便她在说着最严厉的话的时候，脸上也总是挂着笑容。她看上去极度放松，然而其实却时刻留意着，以防有人悄悄从样衣上拿走珠宝，甚至从昏暗的角落里拿走整件衣服。

订购是一门复杂的学问。买家必须将她的客户的需要和对新风格的追求协调起来。她所最终选定的款式必须百里挑一，能让她的顾客一见钟情。为此，她要反复地犹豫，反复地进行思想斗争。到了凌晨，实在难以支撑的销售员们都睡了，而买家们仍然在反复焦虑地挣扎着，迟迟不能作出决定。第二天一早，略作小憩的她们起来后却又发现，其实每件衣服都挺不错的。

今天轮到欧洲和联合国了。发布厅又要重新布置，又要增加不少座位。留给模特儿们表演的空间又缩小了一块。这次的观众是来自世界各地的主顾。有时某个销售员在安排座位的时候会略带不满地说“有五十个意大利人”，另一个销售员则抱怨“她那些门的内哥罗同胞”被排进了一个不起眼的角落里。大厅里的谈话包含了欧洲所有的语言。对于我个人而言，我实在不愿意参加这样热闹的聚会。那种气氛下，我感觉自己的衣服就像奴隶市场上待售的女奴一样，虽然我也知道大家是喜爱并尊重我的。

通常来说，我自己看好的那些款式一开始并不会被大众认可。他

迪奥公司模特儿合影，1957年，原为彩色照片

们需要一个适应过程。而那些极为新奇花巧的款式则立刻就能受到关注。我的长裙会受到批评，短裙也会受到批评，隆胸款式或平胸款式、收腰款式或松腰款式，都会不停地受到批评。而这些互相矛盾的批评文章往往都是同一批记者写的。

随后的五个月里，时装展示每天都在继续。外国客户之后迎来的是巴黎本地顾客、国际顾客，以及来巴黎的旅游者们。模特儿们此时已经过度劳累，因而她们只负责走秀表演，而接下来很多顾客因为犹豫不决而希望再看展示，则由临时招聘的替补模特儿进行表演。

与此同时，在蒙田大街周围的酒吧和饭店里，正上演着一出抄袭者们主演的疯狂戏剧——或许我应该称之为“悲喜剧”。虽然有严格的法律，而且各时装公司有严格的监控手段，但是高级时装界迄今为止还从未能成功地杜绝这些骗子和寄生虫。

最典型的抄袭手段一共有五种，最令人反感的一种就是内部员工的背叛。每一季的时装都是众人合作的结果，代表着老板、裁缝师、工人和模特儿们的共同劳动，同时其成败也关系到所有这些人的未来，因此这种背叛是尤其可憎的。公司内部一般会采取一切手段来防止这种事情发生。样衣在搬运的过程中都被蒙上大衣，或者裹上白布。有时候看起来就像是在搬运幽灵一样。设计图纸都严格编号。未被采用的样衣和衣料都被严密封存，直到发布会那天，以免提前泄露本季的流行款式。如果车间进来了陌生人，所有衣料、帽子和辅料都会立刻用厚毯子遮盖起来。在每个车间，甚至在过道里，到处都张贴着“抄袭就是偷窃”“剽窃者抢走我们的饭碗”这样的标语。我个人很幸运，只遭遇过极少次这类的剽窃，而且都是在公司刚成立的那段日子。

第二种抄袭发生在时装面向媒体发布的现场。这类人多数甚至做不到正确地抄袭，而只是对服装的各种细节进行盲目模仿。所有到场的法国记者们必须在服装联合会的见证下签署一项特别保证协议，之后才能凭着特别颁发的媒体通行证入场。他们清楚自己的权限。但某些外国记者显然不那么清楚，往往超越诚信底线。

我们通常在大厅各处安插三四名工作人员，专职负责监督这种违规行为。因而个别的违规者很快就能被发现。当事人会被礼貌地要求上交他们所画的草图。高级时装界的法则是不可动摇的："写什么都可以，但不能画！"还有一种更恶劣的蓄意剽窃，虽然不常见，但却很严重。有一次我们当场抓到了一个坏蛋，他正在用一个比纽扣略大的微型相机偷拍，我们立刻把他请了出去。

第三种抄袭是最常见的，主角是我们的客户。这是一种缺乏职业道德的表现。有时他们会画下某些样衣的图形，假装是为了便于记住样式和对应的名称。一旦发现，我们要么强迫他们买下相关样衣，要么没收这些图样，并拒绝返还他们的保证金。还有一种情况也算在这一类。就是几个国外买家事先达成一项协议，由每家各自买下一件样衣，之后合在一处。这样他们就能用最小的代价得到一整套小型系列。这种貌似合法行使购买权利的伪君子和那些直接犯错的真小人没什么差别。

就这样，新一季时装的秘密从一开始仅由它的创造者及贴身人员保有，随着一次又一次地展示，到后来就逐渐消失了。如果新的风格传播得太广太快，则这一季时装就失去了新颖的优势，继而就会失去商业价值。也正是站在这个角度上，我们的很多客户反对在他们生产的服装还未上市前，报纸就大量刊载新的时装照片。在欧洲和美国，报刊对时装的影响是不同的。在美国，时装界将媒体看做同盟；而在法国，人们往往忽略或惧怕媒体。法国的时装设计师通常指责媒体过于草率，使得服装的商业价值受到影响。然而我认为这并不恰当。因为报刊上登载的照片可以鼓励人们去购买这件服装。况且不论图片或照片多么逼真，仍然和真实的服装相差甚远。缺少了专门的衣料，最多只能造出“几乎和真品一样”的东西。而对于讲究的女士们来说，“几乎像真品”就等同于“完全两码事”。

上述列举的几种抄袭都属于应受谴责的行为。而下面我要描述的两种，则属于有预谋的劫掠，而且有可能会给高级时装的前途带来严重的影响。

“样衣租赁”流行于战后的几年里。到了1948年，这一行涌现出了一位首领，一位非常狡诈的女人。她通过几位顾客作为中间人，购买了几件巴黎时装公司最好的样衣。回到纽约后，她在广场饭店举办了一场半正式的小型时装秀。这场凭票入场的表演，票价高达三百五十美元至五百美元。以此为代价，客人们可以任意挑选一件样衣带走，并在三天后，仔细地抄袭下来之后再归还。如果想多租，就相应地多付费。为租借某些特别流行的款式，抄袭者们甚至排起了队。

1948年，一项预审通告裁定，“样衣租赁”向法国时装联合会赔付了几百万法郎的罚款。然而这个女人的生意却没有关闭，因为根据美国法律它是完全合法的。她同几个厂家签订协议，由他们按照规定的价格采购样衣，并扩大了她在纽约的业务规模。法国时装业连续三季采取了一种自我保护措施，即在服装衬里和面料之间加入秘密标记。因为每位买家都需要签署一项正式协议，保证不以获利为目的，可将任意样衣交给其他人。因此，可以从这一环节入手找出实施犯罪的人，从而进一步追查整个组织。时装联合会派出专员参加广场饭店举办的每一场时装秀。他伪装成客户进入现场，租赁几件服装，拆开秘密标记所在的内衬，记下号码并通知巴黎。通过一次又一次的侦查，“样衣租赁”所雇用的那些厂家全都被查了出来。同时还查出，有一部分样衣是通过罗马中转再运抵纽约的。而罗马的买家竟也见利忘义，赶在运往纽约之前，连夜进行抄袭。

在这场对抗抄袭的斗争中，一项原来用于洗衣店的技术被采用，形成了一种新的秘密标记手段。它使用一种特殊的不褪色墨水，肉眼看不到，只有在紫外线照射下才能看到。现在我公司的所有服装在出厂前都会印上这种先进的标记。

“样衣租赁”之后的抄袭手段是印制样衣图册。这称得上是一种登峰造极的抄袭手段，也是波及最广的一种。这件事也从侧面说明了法国和美国之间法律制度的差别。针对这种对艺术类商品的复制行为，美国的法律要宽松得多。

法国这边，时装发布刚刚开始，甚至样衣还没有到达客户手里的时候，在美国那边，印有各家大公司样衣图样的图册就已经送到众多订购者家中。每份图册的价格大约一千美元（相等于我们自己的保证金），如果想要更多图册，就要支付更多的费用。这样，只要稳坐家中，无须离开美国，就能得到巴黎时装系列的大量资料。编辑还厚颜无耻地告诫这些订购者不要声张，以免招致法律的追究。

仅 1955 年一年，就有一千多个抄袭者通过订购图册这种手段抄袭了三百多款法国时装，这当中有一百四十二款是我的服装，而其中五十七件是被原样抄袭。从事这一行的人半公开半隐蔽地继续招徕更多的厂家进行合作，甚至将业务扩展到了欧洲其他国家，例如瑞士、德国和比利时。今天，这个邪恶的团伙终于被揭露，并被若干时装设计师联合提起诉讼。结果将会怎样呢？这对时装界的未来有着重大意义。

那么是谁向这些编辑者提供了所需的情报呢？我认为恐怕只能是某些我们最初接待并信任的客人了，甚至可能是发布日当天的客人。因为从发布到这些图册出现，最多没有超过四天。通过核对各个公司的笔迹，应该可以找出哪些笔迹与剽窃者吻合，不过迄今为止我们还没能对相关嫌疑人作出确认。

造假者一定是杰出的天才。如前所述，我冬季系列的一百四十二款服装中，有五十七款是被原样复制的。抄袭者显然以记忆为主。因为他们当时不可能在邻座和现场监督者的眼皮底下很细致地绘制图样。当然现场赠送的节目单可能有助于唤起他们的记忆，但是这些图样的精确程度说明他们的观察力是超强的。

这种抄袭带来的严重影响不仅限于经济上，还在于精神上。试想你每年两次大开你的前门，甚至张开双臂，迎接的却是一些表面上看起来是来参观，实际上却心怀叵测，预谋抢劫你的人。这是一种什么

迪奥与模特儿

样的感受？

我没有歇洛克·福尔摩斯的头脑，也缺乏玛格丽特的天赋，因而在这些事上没有更深一步的思考结论。上述描写的这些事件，其实我几乎都没有参与过。两次发布会结束之后，我通常就不在巴黎了。

在六个星期的连续工作之后，我脑子里只有一个想法，就是回到蒙托鲁的家中享受宁静。宁静对于我的生活来说是不可缺少的。我的一面可能是个忙碌的人，但另一面却是个懒散的人。我工作的动力和热情只是缘于我总愿意尽快完成它们。幸而我天生有责任心，所以从来不致半途而废。

发布会之后的第三天或第四天，当我坐上火车或汽车离开的时候，才真正感觉到自由。不过一到了蒙托鲁，我就又同蒙田大街建立了联系。每天晚上，他们都通过电话向我汇报白天所发生的事情，告诉我外国客户的反应，告诉我最好的客户都订购了哪些款式，还为我阅读报纸上的重要文章。此外，他们还向我描述销售情况的曲线图。通常这张曲线图在第一周之后就确定了：第三天略有保守，第五天稳步上升，第十天则已经明确。在通常情况下，这也就代表了随后几个星期的趋势。

随着日子一天天过去，这些让我兴奋的电话逐渐减少，最后终于不再有电话来了。这个时候，对于我来说，本季时装的工作算是真正结束了。

第三章
时装公司的秘密

一个设计师应该同其他生意人一样，最基本最首要的职责就是要满足顾客的需要。顾客们的要求是永无止境的，会使我们为之殚精竭虑。但我们必须明白他们完全有权利提出任何要求，即便超出我们的容忍限度也是如此。

——[法] 克里斯蒂安 · 迪奥

模特儿

模特儿们的更衣室或化妆间是一个独立的小天地，像一个剧院的包厢，有桌椅，有灯具，有镜子。这些家具也是类似包厢用的那种廉价货。

模特儿们，这些“妙龄女郎”们，在这里只有一个想法，就是要显得漂亮。当然，她们本身就很漂亮，但同时她们又都对自身魅力有那么一点点不自信。一旦化完了妆，她们就跑到负责化妆间的图克汉女士面前迫不及待地问：

“我的样子漂亮吗？男爵夫人。”

如果图克汉女士不立刻给她们肯定的答复，她们就会彻底沮丧，至少五分钟，然后重新回到镜子跟前修补妆容。这里恐怕是最纯粹的追求美的地方了。演员在化妆间的时候，一边想着美，同时还要一边想着自己所扮演的角色。而模特儿则是完全关注美这一件事。

她们总是习惯性地迟到，一边匆匆忙忙地冲进更衣室一边说：

“我没迟到吧？”

因为总不准时，所以她们动作很快。一眨眼的工夫就能换上白色长袍坐在化妆桌前。化妆桌都像教室里的课桌那样，摆成一行行的，我觉得这化妆间就像一间美容课的教室。每张桌子的抽屉里面都藏着一大堆糖果、毛线活、玩偶、照片，还有情书。每个模特儿都有自己固定的化妆桌，例如勒妮，就喜欢坐在门口的位置，给她什么都不换。有一天她梦见自己的桌子被挪了位置，竟然为此哭醒了，第二天早早地就跑到化妆间，确认没人动她的桌子才算放心。其他模特儿也都是这样，沉重的工作使她们每天都要几个小时坐在镜子前，因而养成了很多近乎强迫症一样的固定习惯。

我和员工们亲昵地称呼图克汉女士为“图图”，而模特儿们总是叫她“男爵夫人”。她则把模特儿们称为“我的姑娘们”。我们称模特儿们为“妙龄女郎”。只有车间和行政人员使用“模特儿们”这一正规称呼。

这个小小的世界完全不像外界宣传的那样。完全不是书中描述的爱德华七世时代演员化妆间的那个样子。没有穿着戏服斗篷的绅士等在化妆间的门廊下、搀着手臂引领女士登上豪华马车，驶向神秘的某处。如今的真实情况是，最多是某些已婚模特儿的丈夫来接她们，还可能因为模特儿下班晚而发着牢骚。多数模特儿都是一下班就自己急急忙忙坐上出租车或地铁回家。只有某些比较成功的模特儿有自己的中档西姆卡牌汽车。

公众往往觉得模特儿的职业生涯总是充满辉煌的，这是一种误解，事实上远非如此。她们也像其他人一样选择自己的生活、憧憬自己的婚姻。她们心目中的理想伴侣未必就是英俊的白马王子或百万富翁银行家，而只是一个她们所喜欢的人。而她们自己也愿意成为一名真心的妻子、合格的主妇和优秀的母亲。为了能过上这种理想的生活，她们就必须像蝴蝶的一生那样，经历短暂、辉煌而艰辛的一段努力。一般来说模特儿会在时装公司工作三至八年，拼命奔忙于各种走秀和拍照工作，之后就离开这一行了。

在讲到我现在的模特儿之前，我要先讲讲以前的三位明星模特儿。她们后来都从事了其他职业。在我的"妙龄女郎"们中间，有些我格外钟爱，就像皮格马利翁[①]钟爱盖拉蒂一样。她们能给我的服装带来生命。在设计的时候，我就会在心里想着这些姑娘们的样子。一件衣服直到穿在她们身上，才算最后完成。我承认我是追求理想主义的，但谁不是呢？

我所认识的模特儿里面最有天赋的一位是塔尼亚。我最初认识她的时候，她还在为吕西安・勒隆公司工作。那时候她只有十六岁。她只用了很短的时间就掌握了做模特儿的诀窍，并且从第一次登台开始，

① Pygmalion：希腊神话中的匠人，爱上了自己制作的雕像。

就形成了一套完全独特的走秀风格。塔尼亚，还有另一位我在勒隆公司认识的模特儿普拉琳，这些都是那种具有模特儿气质的女人，而不是有女人气质的模特儿。当然了，她是斯拉夫人。正如她的模特儿个性一样，她的斯拉夫个性特征非常明显。她魅力十足、爱发脾气、性格矛盾而又放纵，这些都是典型的斯拉夫个性。尽管如此，她还是过上了她想要的生活。她在意大利开办了自己的时装店，并且有了许多大喜大悲的经历——个性使然。塔尼亚身上有着狡猾、欺瞒和矫情，也有着优雅、温柔和忠实，这些加在一起，简直就是女性美的化身。

“幸运”套装，1948年，黑白照片

我的模特儿里面最出色的一位是弗朗士。她的身材、迷人笑容和美丽金发，都达到了我理想中的完美标准。她身着性感类时装的时候更是格外漂亮。每当我出国巡展，都会特意让她穿上那几套叫做“法国”和“巴黎”的服装，并总能引起轰动。观众都叫喊着：

“她太美了！”

她是典型的法国人，也是典型的巴黎人。因而当人们喜爱她的时候，我也把这看做是对法国的喜爱。她一向诚实稳重，因而也过上了她理想中的生活。她后来嫁给了一位富有的丈夫并定居在舒适而美丽的热带地区。

西尔维来到我这里时，还是个刚刚长成的少女。在她的整个模特儿生涯中，一直都成功地保持了典型的“妙龄女郎”形象。她总是穿着年轻女孩子们喜爱的简单、朴素、轻快的服装。她活力四射的黑发少女形象，配上纤小的身材，将这类时装的魅力发挥到了极致。结婚之后，她就彻底放弃了模特儿职业，就好像婚姻生活标志着少女生活的结束。可见她曾经对她的职业多么热爱，并多么投入。

我该如何讲述更衣室呢？这样说吧，假如现在是5点钟，当季时装秀刚刚结束。再过一个小时，模特儿还需要给一位客户展示某一特定款式，因为这位客户可能看了刚才的表演并产生了兴趣。所以我们就此等待。

纤细瘦弱的奥迪尔仍旧独自坐着，一副不易亲近的架势，大概盘算着如何为她馋嘴的丈夫做一顿丰盛的晚餐。比她还要瘦弱的凯瑟琳则将一大块蛋糕切成几小块，并分给其他女孩子吃。

“有志者事竟成。”

莉娅，这位尽管生活在巴黎却还是慢性子的罗马尼亚姑娘，正在慢悠悠地讲述着她如何终于找到了一所自己的房子，以及如何第一次做烤肉。维克多瓦恰在这个时候端着她做的栗子布丁走进来，并立刻招来七嘴八舌的评判。

“如果是我做，就加点香草。”

“而且要加好多奶油。”

下午茶时间，姑娘们都贪婪得像馋猫一样。这又是一个和传闻相反的事实。时装公司的更衣室与节食行为毫不沾边儿。我不想替她们忏悔，因为根本无须忏悔。事实上，模特儿们每天都会用那种严格的快步来来回回走上几小时，完全顶得上最高强度的健身训练，这本身就足以保持她们的完美身材了。

模特儿们在更衣室里谈论的话题当然并不仅仅限于吃，还涉及编织、绘画、哲学、家务、电影和戏剧等方面的内容。她们不轻浮，但也绝不害羞，更不会拘谨。她们这些聊天中的某些典故甚至能传到我的设计室去。

如果某位模特儿将要结婚或者生育，更衣室就会变成一个车间。每个人都帮忙做着嫁衣或者婴儿装，每个人都想参与这件家庭大事（在某种意义上说，时装公司本来就是个大家庭）。每一季都会有一两次这样的快乐事件。而我也只好给这些已无法维持标准身材的准妈妈放假了。

一天的换装、化妆下来之后，姑娘们都迫不及待地换上针织衫或裙子，外面罩个风雨衣或毛皮外套，轻松地回家去，从一整天灯光闪耀的疲惫中解脱出来。模特儿在现实中不会发生灰姑娘借一套衣服跑去参加舞会的故事。在个别情况下，公司允许模特儿借出以前穿过的时装，但当季的时装绝不可能外借。

我已经打破了许多关于时装模特儿职业的传说。那么是不是这一职业根本就不浪漫呢？恰恰相反，我认为每个年龄段都有其不同的浪漫性质，都令人着迷。被媒体誉为“美丽大使”的新一代的模特儿们，光彩当然不会输给她们的前辈。

我常常觉得，我的模特儿更衣室跟其他时装公司的不太一样。很可能确实如此。因为我相信好的模特儿是不能制造出来的。到我的公司来应试的女孩子们，不论来自哪里，我都总是亲自面谈。现在有专门的模特儿学校，训练女孩子们学习走步、站立，以及表现自然。然而要成为一名真正的模特儿，像其他艺术类职业一样，就不能仅依靠固定的法则。你可能会说，模特儿的标准就是要高、要瘦。其实这种客观标准没什么价值。一名合格的模特儿必须具有灵魂，也就是说，她既要能够胜任模特儿这个单独的身份，又要能以她的个性激发设计师的想象，那样才能最适宜地完成对这个设计思路的最终展示。

“舒曼”套装，1950年春夏时装展，黑白照片

当然每个公司都会招聘各种不同类型的模特儿，因为客户是各种不同类型的女性。但尽管类型不同，还是需要这些女孩子有一种共同的风格，就像一种家族特征，体现着她们所在公司的风格。

要想成为一名模特儿，首要条件就是要走得好。这其实并不简单。很多演员、舞蹈家来应聘都未能通过，她们自己都感到意外。合格的模特儿必须具有自然而优美的外表和良好的仪态。用一个有点儿过时的词来概括，就是必须具有“风度”。像一件成功的服装一样，天才的模特儿不需要多少努力就能做到优雅。时装穿在她们身上就会焕发活力，并能最大限度地产生效果。这种效果是无法靠人为的装扮或修饰达到的，更无法靠故作聪明的哗众取宠来达到。当代的优雅，必须是建立在朴素和自然的基础之上的。

勒妮大概算是最理想的一位模特儿。每件衣服穿在她身上都显得完美。似乎她的气质和我的设计之间存在着一种完美的平衡。她能令衣料焕发出如此精美的活力，甚至盖过了她自身的魅力。她只是冷静从容地展示着服装，好像她只为服装的世界而存在。

模特儿必须依靠一种神秘的能力抓住观众。表演专业常常滥用的术语“有范儿”用在这里最恰当不过了。阿拉这位姑娘就是凭借她的“范儿”赢得了我的赞赏。她是和朋友一起来应聘替补模特儿的。一见到她，我就立刻请求图克汉女士录用她。由这样一位典型的亚洲美女来展示为西方女性设计的服装，有一种特别神气的感觉。阿拉虽然拥有那种美丽的东方神秘气质，但她同时还具有一半俄罗斯血统。她有典型欧洲人的身材，因而女客户们选择经她展示的样衣是不会错的。她就属于我所说的那种天生的模特儿。假如今天签约，她明天就能立即登台。她那种冷峻、面无表情的走台风格令人感受到东方的美感，同时她又自然而然地带着斯拉夫血统固有的热情主动的气质。阿拉会说很多种语言，而且极为地道，就好像她是在世界各个国家长大的一样。

我从来没想到维克多瓦的出现会迎来如此空前广泛和强烈的批评声。她是在当季发布会前夕应聘的。公司里的人根本没觉得她有任何机会被录用。他们觉得她个子太小了，并且根本不会走猫步。事实确实如此。但尽管她这样特殊，我还是决定签下了她。她有某种我喜欢的巴黎学生的气质。我决定专门为她设计一两套衣服。当最终看着样衣穿在她身上的时候，我意识到，她一定会成为一名名模。

不过对于观众来说，我的这种设计有点儿太超前了。维克多瓦一露面，媒体和客户们就一同向我发炮：

“你怎么能用这样一个模特儿呢？那算什么衣服？多可笑的风格！她根本一点儿都不漂亮！”

某些极端的批评甚至声称她的出场是对客户的侮辱。总之批评声音从各个方向席卷而来。但是维克多瓦仍然乐观而投入地坚持工作着，因此我也会坚持下去。当全世界都在劝说我弃用她的时候，我决定让她再次登台展示另一个系列。没想到突然之间一切都变了，她一下子变得大受欢迎。人们终于看到了她的魅力。她的特色就是太像一个当时典型的年轻人了，并且她的个头儿也不高。人们觉得似乎是我用某种神奇的方法改变了她。而事实上她根本没变，是大家变了。突然之间大家终于看到了她那种平凡气质之上的魅力。而维克多瓦也从此立于不败之地，并且终于成为一位名模。她没有辜负我对她的期望。

令人欣慰的是，这样一位天生并不十分漂亮的姑娘，是通过自己的努力使自己变得漂亮，并胜任模特儿这一职业的。她是个很典型的布列塔尼人，相貌似乎有蒙古人的特征，高高的颧骨，一双吊眼。

然而她能抓住每一次机会，尽最大努力学习和体会时装的每一处微妙。她不仅仅是穿着时装，更是主动地驾驭时装。

我没法详细记述每一个模特儿。她们，还有裁缝师们，都是我最得力的员工。她们的工作看似被动，然而缺少了她们的展示，一件美丽的时装就很有可能遭到失败，造成不可挽回的损失。这个曾经充满神秘的职业如今已经非常普及了。家长们都像过去鼓励女儿考演员那样鼓励她们考模特儿了。我面试的女孩子们中间，每 20 个人只有一个能成为幸运儿，其余大多数则不适合这种职业。当然了，父母总觉得自己的孩子是最漂亮的。

每年两次，发布会筹备之前的一个月，是对模特儿们毅力的考验。从早上 10 点到晚上 8 点，有时候甚至到午夜，除了中午跑到食堂草草吃个午饭，其余时间她们都要一直走台步。我总是感慨，这些纤弱的女孩子们怎么会这样有恒心。似乎没有什么能阻碍她们，就像勒妮所说：

“除非真的晕倒了，否则我们不会停下来。当然，我相信我是不会晕倒的。”

就这么一直坚持着，到发布会前夕，她们都已经精疲力竭。裁缝师们则抓紧时间对时装作最后的微小修改。他们过分专注，甚至忘记了是在模特儿身上工作，而不是在假人身上。我常常看见模特儿们因此已经累得站不稳了，只好提醒裁缝师：

“快抓紧时间，赶快放她走吧。”

这时模特儿会向我投来感激的一瞥，但并不用说什么。在裁缝师全神贯注地完善这件时装的同时，模特儿则在想着明天她将如何美丽动人、容光焕发。有时到最后一分钟，因某个装饰出问题造成延误的时候，她会不耐烦得发抖。设计室旁边的休息室变成了一个集体宿舍。模特儿们横七竖八地睡在躺椅上，甚至地板上。她们也在这里吃饭、吸烟和聊天，等待着最后的试装。

第二天早上，当图克汉女士来到更衣室，并例行地招呼“一切都好吗，姑娘们！”的时候，她们已经早早地在那里等候了。就像施了某种魔法，前一天晚上她们脸上的一切疲劳迹象全都奇迹般地一扫而空。经过短短几小时的睡眠，她们又焕发了活力，重新变得美丽动人。她们比平日更严肃地坐在桌前化妆。这是一种忘我的状态：她们精心装扮，是为了即将穿上的服装，而不是为了她们自己。

这时裁缝师会再次进来打断，告诫模特儿们要小心在意服装。

“不要坐！你快让我犯心脏病了。”

“千万别再动了，否则会把褶皱弄乱的。”

听她们说话，你会觉得模特儿们都是些木偶，而不是有血有肉的人。裁缝师们说“我的裙子”,就像中世纪的匠人说“我的杰作”一样。她们并非在给女孩子们穿衣服，而只是允许她们的衣服穿在一个躯体上而已。

而服装师们，也对各自负责的模特儿格外袒护。每个服装师都觉得只有她们自己负责的两个模特儿是最漂亮的，只有她们的服装才最好看，也只有她们才配得上。这些服装师就像凶猛的看门犬一样，为了她们的模特儿，甚至不惜抢劫。如果他们看见自己的模特儿桌上少了耳环、别针或丝带这些东西，就会去邻桌上偷来。

一切准备就绪，模特儿们就开始为期两周的真正辛苦的工作了。这期间，每天上午是公司和杂志拍照，下午则是走秀。到了晚上，大家已经筋疲力尽，由替补模特儿向买家展示特定的款式。这样忙忙碌碌十五天之后，模特儿们就可以每天下午 3 点再来上班，进行本季系的展示。这种展示一直持续到下一季发布。冬日和夏日假期也不休息。

每年会有一两次出国表演。模特儿们通常被称为“时装大使”。这种职业当然使她们的足迹遍布全世界。她们去过日本、南非、希腊、英国、苏格兰、澳大利亚、意大利，还有南美。惯例上，这一出国团队通常由八名模特儿、四名服装师，以及莫萨布雷女士或者多纳蒂女士担任的新闻官组成。

只有勒妮不愿意离开巴黎，她害怕坐飞机（我真同情她）。其他女孩子都非常喜欢旅行。当然，对于她们来说这样的旅行绝非休闲度假。繁重的筹备和走秀工作令这些模特儿们每天筋疲力尽，到了晚上只想着上床睡觉，根本没有心思出去跳舞。顺便说一句，其实模特儿们的生活根本不是传说中那种由夜总会、舞会和有钱的追求者包围着的生活。必须强迫她们才肯出门，必须哄骗她们才肯出席晚宴。就算第一次抵达一个陌生而新鲜的国家，她们也无心去看风景。图克汉女士为此没少操心。

然而模特儿们却永远拥有一种共同的热情，那就是对她们各自服装的热爱。假如因某个日程变化，需要将某款服装委托替补模特儿进行走秀，那么这件服装的“主人”总会生气地抱怨“衣服被毁了”“胸衣都被撑变形了”。这宝贝的胸衣，是确确实实能让这些模特儿们心痛的。平时每个模特儿都会尽最大力气勒紧它，避免造型出现任何瑕疵。大概没有比这些模特儿更瘦的姑娘了吧。选替补模特儿的时候，图克汉女士总是尽可能选那些最瘦的。

当然这些女孩子们也有她们的任性和幻想。我知道，在公司内部总是有人说我太宠着她们了。

比如人们常说“迪奥先生和他的宝贝模特儿们”这样的话。

行政人员总觉得我雇用的模特儿太多了，或者说我给她们的薪水太多了。裁缝师们则认为我对她们太言听计从。销售人员有时会宣称模特儿们令人难以忍受。面对所有这些责难，我总是保持沉默。设计师和模特儿之间能够拥有真正的融洽太重要了，为此付出点儿小小牺牲也是值得的。

1949 年，迪奥在埃蒂耶纳“王与后”舞会上穿着皮尔·卡丹设计的“动物之王”服饰

第三章
时装公司的秘密

顾客

我已经讲述了时装本身、它们的制作过程、对它们进行展示的模特儿，还有订购它们的商户。现在来讲一讲这长长链条的最后一环，也就是最终买来并穿着这些时装的女人们。

商户之后，是个人顾客。她们中可能还有一小部分是重叠的。销售经理卢林女士负责悉心打理这些顾客。她对她们带着一种既有喜爱又有讥讽意味的混合感情色彩，称她们为“亲爱的”。该怎么描述我们这些顾客呢？我曾经说过，我希望自己被看做是一个好的手艺人。我认为一个设计师应该同其他生意人一样，最基本最首要的职责就是要满足顾客的需要。顾客们的要求是永无止境的，会使我们为之殚精竭虑。但我们必须明白他们完全有权利提出任何要求，即便超出我们的容忍限度也是如此。在这个前提之下，让我们来看看顾客们吧。

伴随着蜂拥而至的顾客（每季会有两万五千人来观看时装秀），发布大厅里的气氛骤然改变，俨然成了一个娱乐场所。这是一个典型的女人们的聚会，时髦而又随便。大家都只顾看，很少倾听别人。她们一面盯着台上的走秀，一面聊着关于度假、戏剧、其他时装，还有最新八卦新闻的话题。

台上的克莱尔刚刚秀完一套婚纱，台下就七嘴八舌地议论起来。销售人员赶忙去跟他们负责的主顾接洽。

“那么夫人您现在就决定吗？”

不会，她可能会选择过几天再来，在相对安静的试衣间环境中再仔细挑选。这是一种不着急的顾客。但还有很多顾客是急性子，可能有五十个人同时要求订购同一款。要满足她们所有人，一定需要某种奇迹才行。成功的样衣要像日本插花那样，立等可取地批量制作出来，并且同时交货。在虚荣的驱使下，耐心等待是不可能的。任何拖延都被看做是对这些顾客的冒犯。

如果有一位顾客观看并考虑着某件衣服，一旦表现出了要作决定的迹象，立刻就会有一大群销售人员围上来，准备抢走这件衣服去拿给他们自己的主顾。因为他们的主顾可能无聊得正威胁要离开：“怎么还没有人为我推荐点儿什么呢？”

试衣间总是充斥着大惊小怪、一惊一乍的气氛。灰色帘子后面不时传出激动的尖叫：

“这衣服你穿太合适了，简直就是为你定做的！”

“天哪，你这颜色太深了！”

每个女人都希望尽力穿上自己相中的衣服，全然不顾她们自己和模特儿之间身材的差异。这时候销售人员就只能用外交辞令跟她们交流了：

“这是莉娅走秀时穿的那件吧……她最近一段瘦得都没人样了。”

可怜的莉娅，其实这阵子是她最漂亮的时期。

围绕样衣的这些小小的气恼、争议甚至争吵无休无止。不过这只能说明一件事：这衣服受欢迎，因而说明它成功了。对于我来说这是最值得高兴的事。

卢林女士是真正的大忙人。常看见她匆忙地掐灭手中的烟头并赶去某处化解危机。她曾连续四次在来发布会现场的半路上得到突发事件的消息，而临时改道前去解决问题。一旦她到达试衣间，所有的干戈就会立刻化解。卢林能像变戏法一样拿出裘皮披肩，女人们见到这漂亮披肩，就只顾兴奋地照起镜子来了。而此时，永远从容面带微笑的卢林早已去别处继续解决危机了。她熟知每个顾客的姓名，并有一双犀利的眼睛，能准确识别冒牌货。她只需在时装秀大厅里扫一眼，就能告诉你：

“第三排，从壁炉那边起第六个座位，那个女人又把她自己的裁缝带来了。这已经是第三次了，实在太过分了。我得找她谈谈。”

发布会结束之后，卢林还要应付那些只来观看、但不会购买的所谓好朋友们。这些人往往一面下楼梯，一面对她说：

“你们的衣服真不错。”

也有些人说话比较直：“他这一季的衣服也只有晚礼服还算凑合。”对此卢林也总能保持得体地应对。

这种时装发布会已经成为一种人人乐于出席的社交活动。有些人可能会借此同朋友们交谈些秘密的知心话。有时候公关部会接到电话“预订一张今晚的桌子”，但凭这样的电话是不好判断客人的来意的。

不过，我希望我的时装秀对所有人都自由开放，即便是那些只想来一饱眼福的人。我指示销售人员们，对那些没有购买意愿的来宾（我们都戏称他们为“燕子”）也不要干涉。

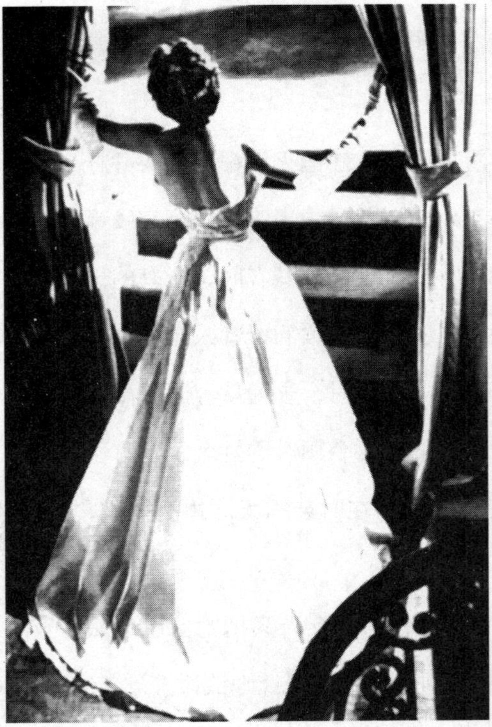

“奥芬巴赫”套装，1950 年，黑白照片

当初公司刚刚建立的时候我曾经对布萨克先生说，我的时装要面向社会最优雅的阶层中那些最优雅的女性。我见证了我理想中的顾客是如何用最自然的方式培养出来的。我的一切工作都是为了她们，是她们满足了我的愿望，并且这一过程也是相当顺利的。

我对自己有一条死规定，就

是永远不进入时装秀大厅，并且永远不直接干涉生意的运营。所以我虽然见过一些顾客，但为数很少。来到蒙田大街 30 号的人，即便是我最好的朋友，也是来拜访迪奥公司的，而不是拜访迪奥本人。我觉得这种方式很好。朋友们可以随意地选择买或不买，而不必担心任何窘境。

同样，当某一顾客显然在考虑离开我们的时候，最好也让她自由选择、自己作决定。

“当她们犹豫的时候，我总是劝她们去别处看看，”和卢林一同负责时装秀大厅的米纳西安说，“看过后失望总比没看后悔要强。”

离去的顾客通常很可能在几星期后会重新回来。她可能在别的公司选购了套装，但发现只有我们这里才有令她满意的晚礼服。这个时候她会假意责备负责她的销售员：

“都怪你。你真不该叫我去别的地方。”

与此同时，她也会在我们这里订购更多的衣服。

负责管理所有试衣间的林策勒女士用一种幽默并略带讽刺的口吻告诉我：

“一套最划算的衣服就是成功的衣服。穿着它的女士感到满意，付账的男士也不会感到太贵。而最昂贵的就是最失败的衣服。穿着它的女士懊恼，付账的男士也感觉是一桩负担。并且，这样的情况通常会导致再购买一件更昂贵的衣服，以便减弱由于第一次购买失败而带来的不快。”

总的来说，我们的顾客都是非常忠诚的。有些时候她们会故意做出不忠诚的样子，这实际是为了催促更快交货，或者压一压价格。

有时候某些典型的女性逻辑的极端表现显得既有意思，又令人同情。比如某位漂亮的女士在看完了一整个系列的黑色套装之后，偷偷擦去眼泪并轻声说道：

“可惜，黑衣服在葬礼上太普通了。”

另一位女士闷闷不乐地观看着走秀，似乎对什么都不满意。表演结束后她一面悄声和销售员商谈，一面偷瞥一眼卢林女士，然后说：

“因为我丈夫破产了，所以今年我只能订购十套衣服。”

“助听器”的故事虽然是发生在好几年前的事了，但销售员们至今还喜欢说起，并且令每个人都开怀大笑。故事主角是一位新来的、但并不算年轻的顾客。她挑选了几套衣服并进入试衣间准备第一次试装。她是一名客居巴黎的外国人，住在租来的房子里。此时卢林女士出于周到考虑，让销售员向这位顾客提示必要的付款手续。几分钟后，销售员情绪激动地从试衣间出来。

“夫人，”她慌张地说，“先别提什么付款的事了。糟糕了。她的电话被掐断了。”

她一边说一边跑开了。在那一瞬间，卢林女士似乎惊呆了。她想到了衣橱里所有的衣服、一切已经做好的工作，想到那没有付款的账单，以及将要面临的管理部门的怪罪。一个连电话费都付不起的女人，怎可能负担得起这些衣服呢？心里一面责怪着那个将这个不靠谱的外国顾客介绍来的“亲爱的”，一面也责怪着自己，竟然粗心大意，事先没有仔细了解这位顾客。经过这一番心理斗争后她才镇定下来并走进试衣间。那里面完全是一片惊恐的气氛。销售员跑出去了，助手的样子就像被雷击了一样。而那位顾客，一脸极不自然的笑容显示着她的尴尬。几句常规的客套之后，卢林女士鼓足了勇气切入正题：

“夫人，我们非常遗憾，听说您经济上有困难。请问您尊姓？”

那顾客一脸僵硬的笑容，但没有回答。

“那么您挑选的这些衣服怎么办呢？”

顾客脸上的笑容更僵硬了。

卢林正盘算着如何搬出正义和法律一类的话来威胁，此时销售员跑了进来。在她后面跟着一位电工。原来，所谓“电话线被掐断”，事实上只是她助听器的电线不小心被弄断了！电工略作检查，并很快修好了它。这位顾客一瞬间就恢复了自然的表情。助手恢复了自信，卢林女士也拾回了敏捷的思维。只有销售员因为误解造成了麻烦而感到内疚。那位顾客因为完全没有听到卢林女士对她说的话，因而从头至尾根本就不知道发生了什么。

几何灵感设计，1950 年，黑白照片

最后我再讲一个我最津津乐

道的、关于不忠实的故事。这位顾客在生活和穿衣方面都是不忠实的。她有两个男友，其中一个为她买法思时装，另一个为她买迪奥。两个男友和两家时装公司都不知道对方的存在。但有一天，这座快乐的欺骗之屋倒塌了。这位女士竟然穿着法思牌的衣服，手挽着另外一位男士出现在了蒙田大街。当她开始试衣、裙子脱到一半的时候，突然意识到了她犯的错误。她急忙翻看日记核对日期、姓名和服装，然后立刻冲了出去。不知是不是想着：

“我的上帝，我真蠢！还以为今天是星期五呢。”

我不再更多地揭发我的顾客了，不论是好还是坏。有两个原因：第一，我讨厌背后说闲话。第二，也许我应该像有些人希望的那样，把顾客划分成谁最可爱、谁是名人，然而这种划分实在是很没品位的表现。另外，作为设计师，为顾客保密也是我的职业义务，就像医生对病人一样。因为就像销售员常说的：“我们见过你们一丝不挂。”

所以，我们还是拉上试衣间的帘子，让顾客安安静静地挑选衣服吧。

国内发展

我是 1946 年搬进蒙田大街 30 号的。那时候这间 房子有充裕的房间和宽广的大厅，各类空间足够容纳我们八十五个人。

然而我们那时都没有想到，随着业务的不断增加，我们不得不扩建工作空间。先是我先前提到过的马舍，之后是在它楼上的屋子，再后来又逐一占据了弗朗索瓦一路大街 13 号、蒙田大街 32 号。最开始我对蒙田大街 30 号的空间不但很满意，甚至还担心地方太大了。随着三个车间、六个更衣室，以及各个管理部门的就位，就开始显得有些拥挤了。后来我们还被迫在门厅的地方隔出一间四米见方的小屋，用了格栅隔断，以便通风。我真无法想象卢林女士、她的两名助手，还有一大堆文件、卡片索引，以及电话机是如何挤进这个小屋的。还有访客呢——天知道他们坐在哪儿。

我就是在这样一个小小蜂巢发布我的第一个系列的。当年的新闻发布稿我现在还保留着，是一页复印的纸。当时我着重突出了两种风格：花冠和 S 曲线。这种长长的裙身、对腰部的强调以及极端女性化的风格立刻被冠以“新风貌”的称号。到了秋季，我们又进一步加强了这种风格的特点。花冠的曲线更突出，长裙更长，恢复了它为双腿营造的神秘感。这种长长的裙子配上高跟鞋，女性们走起路来能体会到一种类似舞步或滑步般的优美感受。

Y 型曲线时装模特儿，1955 年秋冬时装展，黑白照片

“新风貌”令我收到了大量来信。如果以来信数量作为衡量一个明星的知名度的标准的话，那我完全可以算一个大明星了。这些成千上万的来信多数是热情赞扬的，但也有少数例外。洛杉矶的一位汽修厂厂主来信说，他下次来巴黎一定要“把我撕碎”。他说，全因为我，他的太太打扮得就像

一个南北战争时期的布娃娃。真没办法，众口难调。

1948 年推出了“之字”系列，它能为身材增添一种类似绘画一般的生动美。当年冬季推出的“翅膀”系列进一步加强了这种设计感。这种样式在朝气蓬勃的年轻人中间大受欢迎。1949 年伊始，我推出了“立体透视”系列。这时的新闻发布稿已经有四页长了。我详细地介绍了我的系列设计理念：

“‘立体透视’系列的推出主要基于两种原则：其一是使胸部更醒目更宽大，同时保持肩部的自然曲线；其二是在保持身体自然线条的同时，加强裙身的长度和动感。”

一季又一季，我的公司就这样不断被新的理念推动着。公司的进步通过帽子、鞋和手套的样式的变化体现着。当年冬季之后又推出了非常专业的“世纪半”系列。它采用了根据衣料的内部结构进行裁剪的一种技术。我先前提到过发掘衣料纹理特质的重要性，该系列将这种理念发挥到了极致。

1950 年春季垂直线条风格脱颖而出。通过缩窄的胸部、恰到好处的掐腰尺度，以及阳光般明亮的颜色，这种风格令女人显得“更女人”。同时我也希望延续上一季的大胆风格。通过无数的皱褶和拼缝，表现极其繁复的工序以及代表着巴黎时装的“鬼斧神工”的精湛工艺。六个月之后垂直风格转变为斜线风格，结合了庄重与冷峻。同时，其他的主题系列也不断被开发，例如“缠绕蕾丝”系列和“谷中百合”系列。而晚礼服则能营造出一种奢华、从容、愉悦和曼丽的气氛。斜线之后是椭圆风格，而后我推出了“龙”系列，那是我所有系列中最受欢迎的一个。

1951 年秋天蒙田大街开始大兴土木。我不想破坏最初那所房子的完整和平衡。所以就在它后面盖起了一座九层楼房，里面设了八个车间。旁边建起了一座八层楼，每层两个车间。原先设在弗朗索瓦一路的管理部门也搬到了这里，终于在公司院内有了自己的位置。

弗朗索瓦一路 13 号的房子原本属于经济部，我们费了很大周折才占据了一大部分。但仍有些部门似乎不愿看到我们的扩张，始终占据着屋子。最终我们组织了一次工人抗议，并由某位通达人情的官员出面协调，才终于争取到了所有房间。

这样，迪奥香水就进驻了一层，二层堆放丝袜，三层是对于我来说极为重要的设计室。四五六层是车间，最顶上的七层是休息室和福利部门。原先那只有几个平方英尺的小店，现在终于真正扩大了。

在圣凯瑟琳节这一天你真该来蒙田大街 30 号看看。这个纪念制衣行业守护神的节日对于我们来说极为重要。对于我来说这一天是丰富多彩的。我会走访每个车间，并且发表简短讲话，感谢所有那些不论职位高低、一直与我一道努力工作并取得今天成就的人们。在这一天，不论是专门为我举行的庆祝仪式、各个房间的布置，还是五花八门的装饰和服装，都令我似乎感觉到整幢大楼的脉动。圣凯瑟琳节实在是最令人快乐的一天。每个屋子都有属于自己的乐章，而整幢大楼又仿佛是一个完整的舞会场所。

迪奥公司随着年龄的增长而不断壮大，并逐步走向世界。1948 年我们在纽约开设了分公司，并且同英国、加拿大、古巴、澳大利亚、智利和墨西哥都签订了合作协议。我越来越觉得，这个最初由我策划的生意，现在已经要逐步把我自己淹没了。盖勒普公司进行的一项民意调查显示，我意外而又荣幸地当选为五位全球最有名望的人士之一。时装，你给我们的太多了。

1952 年一开始就透着严肃的气氛。铁幕沉重地落下，印度支那和朝鲜半岛燃起战火，阿拉伯的民族主义复苏……“新风貌”的欢快风格以及上一年的俗艳气息已经不合时宜。

因此我在 1952 年春季推出了“波浪曲线”系列。寓意是说：在严寒的冬季过去之后，时装应当很自然地继之以一种舒缓的情调。这季服装以短衫和毛衣为主，颜色介乎天然色和灰色之间，腰围也变得更加宽松。这为日后推出同“新风貌”完全相反的风格——“箭头”风格，奠定了条件。

我原先曾用音乐家的名字为每款晚礼服命名，现在改为用作家的名字。这一命名法引出了很多笑话。某位顾客，可能早上还醉心于安德烈·卢森，晚上却打电话来说，她还是决定追随让－保罗·萨特。销售人员总是抱怨，保罗·克洛岱尔和弗朗索瓦·莫里亚克一直卖不出去。

在化妆间里，常听到模特儿气愤地说：

“小心！这样会压坏莫里斯·罗斯唐。”或者“你踩到阿尔贝·加缪了”。克莱尔做新娘的时候，穿上了博马舍，寄寓费加罗的婚礼。

有一次我收到了一封抗议信。一位年老的绅士愤怒地抗议我以他祖父的名字命名“这件根本不像衣服的废物”。天知道当初我是动了哪根筋，非要把这个早已不为人知、深埋在字典里沉寂多年的古代老学究的名字给翻出来。

当年秋季我们推出了受当代科技启发的“剖面”系列。第二年春天推出了“郁金香”系列，主要特点是改进了胸部并缩窄了臀部线条。

腰部变得越来越宽松，而色彩则受到了印象派绘画的启发，有一种雷诺阿和梵高画中那开满鲜花的田野的味道。

在那年，有一位美国记者写信向我提出抗议，指责我破坏了美国妇女的形象。其实，这位记者在报上发表文章，并且把我和他的照片并排放在一起，这与其说是想诋毁我，不如说是他想借我的名望提升他自己而已。

半年后，我在委内瑞拉的加拉加斯开设了分公司。随后推出了受巴黎著名标志启发而设计的“埃菲尔铁塔”系列和“圆顶教堂”系列。我一直在思考如何能从整体上改观女性的魅力，让她们的轮廓更鲜活起来。我的目标是要让衣料和身体彼此依存，并互相激发出活力。也是在这一年，模特儿们首次穿上了由新成立的克里斯蒂安·迪奥—德尔曼公司生产的鞋子。该公司由罗杰·维维耶创立并管理。

1954年春季，我推出了“山谷百合”系列。这是我的幸运花。这个系列的服装透着年轻、优雅而朴素的气质，并且统一使用同一颜色：巴黎蓝。迪奥公司现在七岁了，已经进入成熟期。它拥有五座大楼，二十八个车间。员工超过一千名。八家子公司和十六家联合公司遍布五大洲。

而我目睹着长大的这位克里斯蒂安·迪奥本人现在也大可感觉

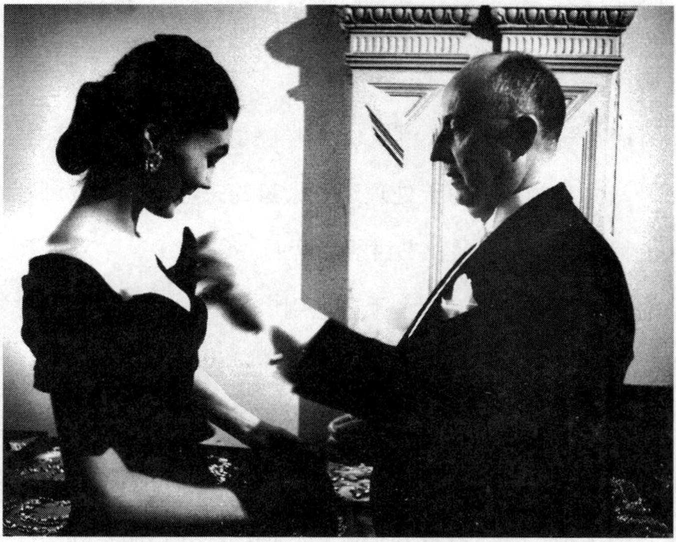

迪奥为一位模特儿整理服装

自我满足了吧。他每天会收到来自澳大利亚、佛罗里达、德国、意大利和日本的来信。这些写信者中有疯子、罪犯、自大狂，也有天才。他们在信中也将迪奥叫做疯子、罪犯、自大狂、天才、大长老、皇帝，还有时装独裁者。有一位得克萨斯的律师来信索要一顶白色的法国军帽。还有一名住在巴黎的女士愿意提供她的住所，举办一场“由戴着面具的公主主持”的舞会。

“您可以将客人都装扮成古代的著名恋人。”她这样建议。

一位阿尔萨斯的女士声称她已经失去了一切，并希望在“离开这个世界”之前能穿一次迪奥的衣服。并以“一个从未做过错事的可怜的梦想者”署名。一位英国魔术师的妻子试图说明时装设计师和她丈夫的职业很相像，并希望得到一件晚礼服。还有一位意大利服装设计师来信，代表制衣行业所有人，要求我出资在圣天使山为米迦勒建造雕像，因为那是“所有裁缝的守护神”。

所有给我写过信的人大可放心。其实我根本就从来没读过这些信。实际上，是由我的秘书每天处理这些大量的来信，并代我浏览。上面讲的几个特殊的例子就是秘书讲给我听的。

我的时装中，曾经有一个系列遭到广泛的批评、歪曲和诽谤，就是所谓的“菜豆”系列。在这里我要讲一讲它的设计元素。它的动机是将胸围展平、拉长，表现着年轻少女的尖细身材，就像枫丹白露画派笔下的那些仙女一样。文艺复兴的这一阶段的特征是崇尚风格、纯洁、保守和优雅。让 · 古戎就是这一时期的代表。H 系列的推出标志着始于 1952 年的解放腰围的趋势日臻成熟。

H 系列展示完的当天上午，卡美尔·斯诺就致电美国《时尚芭莎》说 :“H 系列比‘新风貌’系列还要意义重大。”没过多久该系列就被称为“扁平”系列。但实际上我从来没想过要创作一种扁平风格的、菜豆式的时装。尽管如此，这个新系列的理念和要点还是明确地公之于众了。我也无法阻止什么。这一次，我收到了一封来自爱达荷州的一位农夫的信 :

“你这个天才，把我的老婆都变得没有人形了。我不要她了，把她送给你吧。”

H 系列之后是 A 系列和 Y 系列，由于刚推出没有多久，我现在还无法过多讨论。今年春季，我又推出了“箭头”系列，加强了上述两个系列的风格。一个系列接着一个系列，这就是我的公司的发展史。

从巴黎到纽约，再回到巴黎

我前面提到过迪奥之家建在蒙田大街30号的那间小屋子。当初建造它多亏了我的朋友卡门·柯库耶拉，她现在是弗朗索瓦·巴隆的妻子。装饰的构想是克里斯蒂安·贝拉尔提出的。小屋被做成回廊的式样，并整体贴上了浅黄底、深棕色图案的约依壁布。卡门每天从早到晚地爬在梯子上面，一丝不苟地贴壁布，摆放那些贝拉尔建议用作装饰的帽盒。

迪奥之家和我的首季时装同时揭幕。最初只销售些小饰品，例如首饰、鲜花和围巾，但很快就有了扩大业务的计划。1948年夏天，卡门建议将时装也纳入店里销售，她认为普通系列的时装由商店销售能够简化销售程序。她的这个建议得到了极大支持，不久，“精品店系列”服装诞生了。这部分业务由新加入的林策勒女士、试装助理伊冯以及一位助手共同负责。她们在车间的一角默默地工作，并且干得十分出色。卡门的小店业务迅速扩大，因而不得不搬迁到楼上。

手套、香水、丝袜，以及领带逐步加入进来。商店独立于公司的时装业务，但也同样在公众关注的目光下发展了起来。随后门廊另一端原设计室的区域现在也让给了商店。小店重新规划，建造了三个车间和一个自己的设计室，并很快有了属于自己的顾客群。店里堆满了各式各样的新奇货品，有各色礼品，甚至还有小型家具。这也使小店逐渐变得拥挤了，甚至在促销某款手帕的时候，都快要挤爆了。

“Diorissimo”时装广告，1956年

于是我们又寻觅到弗朗索瓦一路的房子，分别同一间酒吧、一个征税处、两间商店洽谈，希望能整体租用这幢房子的一层和二层。1955年6月的一天，我们关闭了在蒙田大街30号的店面，并于第

二天早晨在弗朗索瓦一路大街 15 号开业了。这次神奇的大转移是在夜里进行的，由玛丽·伊莲·德·加奈指挥。卡门此时已经退居二线。维克托·格朗皮埃尔负责装饰工作，他只用了几天就完成了。他和几名助手一直忙碌到搬家的前夜。店员们在忙着搬运货品的同时，他们则紧张地完成最后阶段的装饰工作。他将店面装饰成了一种“路易十四—美好时代”的风格，那正是我心里最想要的风格。

第二天一早我到那里的时候，堆满油漆和梯子的施工现场早已收拾得干干净净，我眼前是一间精美整洁的店面。而且它似乎已经开始酝酿着一种充满活力的气息。这正是我认为最重要的气氛。如果一间屋子装饰得很漂亮而没有生气，就如同一个徒有美丽外表、却缺乏魅力的女人，是最让人受不了的事。上午 9 点半，第一位顾客走了进来，并购买了一件大衣。显然，她对昨夜的大转移行动毫不知晓。

我希望每位女顾客从店里走出去的时候，都能从头到脚穿戴上在这里新买的衣服饰品，最好手里还拿着为她丈夫买的礼物。眼看着店里生意越来越好，我这愿望看来真的快实现了。一切跟我的名字有关的货品在这里都能找到：袜子、手套、香水。不知不觉中，这些商品的知名度已经不亚于我的时装了。

一般人看来，香水只是简单的一个小小瓶子。他们不会想到这背后为了寻找一种新的香型需要花费怎样的心思和努力。可以说这是一项非常耗费精力的工作。我自己是一名时装设计师，然而经过这些工作，我也变成一名调香师了。说起我的副业，还要提到迪奥—德尔曼鞋店。它是我的朋友罗杰·维维耶经营的。他是世界上最棒的鞋类设计师。

在我的店铺发展得如火如荼的同时，我脑子里也在整理着我初次到访美国之后的各种印象。和很多法国人一样，我初到美国，也被它的富裕程度惊呆了。在这里，人们不但挥霍无度，而且提倡挥霍无度，使之成为象征国家富足的一个基本标志。我的教养使我对这种哲学感到大为震惊。不过，当我看到美国人强烈的开创精神之后，也不禁受到鼓舞，并决定在这里开创我自己的事业。

在真正踏上这片新大陆之前，我首先要对形势进行一番认真研究。“二战”之后，美国并没有像英、法那样，因战火的洗劫而至今还丧失着享受奢侈的权利。这个当年博尼·德·凯斯特拉讷发现的遍地奴隶主富豪的大陆，现在已经顺利地完成了民主进程，并且成为了一个物质水平普遍富足的国家。这种富足程度是苏联想都不敢想的。大规模的工业生产使得这个国家的人民普遍都享有了奢侈生活，即便不是所有人，至少是大多数人。

除了上面这个因素，在1948年，我需要考虑的另一件事是当时美国极高的关税。虽然美国宣扬自由贸易，但却只制定对自己有利的政策，就像小孩子玩游戏只想自己赢一样。两次大战之间，法国和美国之间曾经进行过多次服装贸易，巴黎人因此获利很多。而今由于美国单方面的贸易政策，使当年那样的贸易变得难以实现了。美国人基本上算是一个乐于助人的民族，因而错误地认为帮助别国是一种施舍救济。所以，对法国这样的古老而傲慢的国家他们是不喜欢的，也不愿进行平等自由的贸易。在我看来这种政策是一种目光短浅的表现。

当然，我们的法国政府就是个最无能的政府，所以作为法国人我或许没资格对别国政策说三道四。

重新回到时装的话题。现在每年都有成千上万的美国人来到巴黎旅行，并且几乎把这里看做是一种追逐时尚所必需的朝圣之旅。我认为我在巴黎的公司应当保持实验室的作用，定位于针对奢侈客户和商户不断研发新的款型。因而如果想开发巨大的美国市场，我就需要在纽约开设分公司，并应该定名为“迪奥—纽约”，以便显示与总公司的产品定位区别。总之，我非常盼望远渡重洋，在这个陌生的国度开始一番新的冒险。

很多人，包括我的一些同事，都建议将分公司归于现有机构框架内。但我却希望它是独立的，那样才能保持巴黎时装高贵、独特而卓越的形象。而且，既然我要开办一家美国公司，也应当和其他真正的美国公司站在同一起跑线上，承担同样风险，展开公平竞争。

我必须多次飞往纽约，进行启动项目的工作。找房子、招员工，一句话，要从头开始建立一家公司，因此就意味着要面对各类谈判和繁杂的工作。恰在这时，恩格尔女士出现了，并挽救了我。从那时起，她就成为“迪奥－纽约”的经理。她是瑞典和俄罗斯的混血儿，因而兼有斯拉夫人的魅力四射和斯堪的纳维亚人的精力十足。她已经定居美国多年，所以十分了解这里。同时她也很快地理解了我作为一个法国人所面临的种种困难。简言之，她很好地找准了两个大陆之间问题的结合点。她的忠诚和热情造就了一种坚强而冲劲十足的个性。这也是美国女性普遍具有的个性。如果不了解，我可能会认为这是一种过分张扬的个性。有了恩格尔的引导和帮助，我就能够尽快地了解美国的生活方式了。

颇费一番周折之后，我们在城市中心，第五大道和第 57 街的交叉路口租下了一幢很典型的美国式房子。没有选择大公司云集的第七大道是因为我觉得那种“一切都现成”的气氛不利于士气的激发。虽然选址落实了，但最困难的问题还没有解决，就是招聘员工。其中最重要的是招聘产品部经理。这是时装公司最关键的职位。我必须谨慎选择，因为尽管我做了无数调查，但对美国市场还是了解甚少。一旦这个职位确定人选，继而就可以选定展示和销售的负责人了。至于招聘模特儿则相对容易。纽约美女如云，而且年轻女孩们大多崇尚自然美，很少刻意做过多的打扮。我不会考虑引入法国本土模特儿，因为风格不同，完全不对美国市场的口味。

所有的筹备步骤都相当顺利，令人备受鼓舞。在美国，每当新的企业或新的创意出现时，总能迎来最热烈的欢迎，并受到最积极的关注。一个项目从创意到实现的过程如此直接，这是在别的地方看不到的。美国人懂得如何把握机会：他们慷慨地向你提供成功所需的一切条件。如果做得不成功，也没有什么大不了的，总会有重新来过的机会。失败者并不会遭受过多指责。生意场上完全是公平竞争。我们欧洲人，尤其是法国人，开始时曾经抱着多疑、小气和讲空话的态度，现在应当心怀感激地承认上述事实。

基础工作做扎实之后，我的注意力就转向了我的最大爱好——室内装修。我请求我的朋友尼古拉・德・甘斯堡负责这件事。尽管他不是职业室内设计师，但他的背景足以保证他有能力，而且我相信他能实现我想要的那种同时体现巴黎和纽约特色的风格。他答应下来之后，我就返回法国了。心里对这个未来的新公司充满了喜悦的期待。我和员工们估算了一下一切准备就绪的大致日期，并期待着我们的首次发布会。

然而我们回到纽约时，一切却都没有就绪。一般人普遍认为美国人肯定是急性子，其实恰恰相反。他们好像以拖延为荣，特别是负责洽商的人。总之我们的新址还没有就绪，因而无法进驻并开始工作。我只好自己想法子，最后决定先临时进驻 62 街我们居住的那所房子。玛格丽特、布里卡尔、雷蒙德三位女士加上我。我把冬季花园改建成

迪奥与同事一起观看模特儿的排练，1954 或 1955 年，黑白照片

一间设计室，两间休息室改为车间，餐具室改为财务部，还有一间卧室改为模特儿的化妆间。

我们简直就是在野营。幸亏房主从来没过来探视过，否则一定会被吓坏的。我们几乎彼此挤成一团。更衣的时候旁边有人吃饭，睡觉的时候旁边桌上的裁剪工作干得正欢，每走一步都可能会踩到衣料，进入餐具室常常会想不起到底是来拿餐巾，还是来拿衣料的。

我们都觉得很好玩，因为当时觉得这肯定只是暂时的。然而这种状况却一直持续了两个半月，其间我们一共换了4个佣人。他们没有一个干满一星期的。第一位是个很好的管家，擅长做鸡尾酒，但好像只擅长这一项。当我们把吸尘器和平底锅拿到他面前的时候，一下子就把他吓跑了。他大概去酒吧找工作了吧，那里更适合他。而做他助理的那位女佣也抛下了满怀期待的我们，连工资也没要就跑了。

继任的是一名瑞典厨师。刚刚从法国的困苦饥饿中逃离到这里的我们，怀着真挚的信任和热切的期望，等待着他带给我们的斯堪的纳维亚大餐。然而对于这个高大的维京人来说，这地方显然太小了点儿，他把厨房给放火点着了。一看惹了祸，他匆匆忙忙就跑出门去了。幸亏有很多好人赶来救火。

之后我们又聘了两位年长的爱尔兰女士。她们至少还是喜欢我们这个波希米亚式家庭的风格的。最初我们的关系美妙极了，我们四个人甚至经常整个晚上地赞颂“绿宝石岛”[1]。然而好景不长。有一天这两

---

① 爱尔兰岛。

位老姑娘同时向我们递交了辞职呈请书。因为她们对模特儿们常常赤身裸体换衣实在难以忍受。

正当我们感到孤立无援的时候，救兵从天而降。这位法国女士正在街上寻找一份正式的体面的工作，于是机缘巧合地遇到了我们。她是一位乐观、可靠的女士，又烧得一手好菜。除了一头金发有些扎眼，她基本上是个完美的人选。她很快就喜欢上了我们，并且很会做饭、打扫卫生，把我们照顾得非常周到。于是我们终于能有空闲照料生意了。

这个时期我们的精力主要集中在车间。由于工作习惯不同，我们的美国员工们非常不理解为什么一件衣服要进行五六次的试穿才能定型。他们认为只要设计图纸是好的，最终产品就一定是好的。我们这种细致的努力在他们看来是一种愚蠢。他们觉得只有最差劲儿的业余裁缝才会干得这么仔细。我们对完美的要求，他们完全不理解。

像这样的沟通困难，以及诸多类似的问题，使我突然之间发现了一个未曾预料的巨大难题。似乎所有事情都出现了问题。随后的一系列遭遇使我觉得本应是自由天堂的美国，实际上却是个可怕的专制国家。

为了保护我们的产品不被模仿和抄袭，在巴黎的时候，我们都会同买主签订一份协议，规定除个别例外情况下，禁止对我们的产品进行复制。这一旨在维护产品的艺术性和品质保障的举措，在纽约这里却显然并未得到认可。我们突然发现，政策的不支持成了制约我们纽约生意的最大障碍。

我非常惧怕律师和法律程序。因此那天早上收到传票的时候吓了一跳。美国反垄断部要求我前去接受调查。我不得不在两名律师的陪伴下，就像一名罪犯一样，在众人的注视下走进美国反垄断部的大门。我感觉那里比我们自己的司法部门还要凶恶和冷酷。我忍受了两个半小时的莫名其妙的反复调查，直到今天我也没有完全明白起因。因此当时我是真的感到无措和糊涂，并非假装。调查结果显示，我的公司并未存在任何财务问题，对我的所谓邪恶阴谋的指控，根本没有任何严肃的依据。我们的协议被宣布无效。不过这更让我确信，美国政府是允许并放任对艺术作品的版权进行侵犯的，所以尽管美国的服装设计师是和我站在同一立场上的，但也无能为力。

尽管经历了种种困难和不快，然而我们在六十二街的小房子开发的首个系列服装最终还是准备好了。同时第五大道的场地装修也已经进入尾声。在发布会之前的几天，我们的员工和车间搬进了新址。尼古拉·德·甘斯堡完成的装饰效果非常符合我的期待。

随着开业日期的临近，我感到越来越紧张，比以往在巴黎的任何一次发布会都紧张。我需要给自己打气，因为我对即将面临的美国公众一无所知。在这里衣料的种类与在法国的不同、数量也有限，而且发布会的时间也比通常的短。

终于到了开业这一天。发布会的气氛令我十分不安。整场时装秀在一种宁静无声的气氛中进行，和巴黎那种热烈气氛完全不同。我有点儿泄气。相比巴黎人，纽约的观众似乎更在乎的是放松、悠闲和舒适。他们的发布大厅比法国的大很多。每个人都提前预订座位，希望能避免拥挤并占有一个好的观赏位置。现场的空调系统令室温凉爽，同时也令气氛同样有些“凉爽”。

观众的掌声也不如巴黎那样热烈。在指定区域就座的媒体记者们都是老熟人，我历次时装秀他们都来，并且反应热烈。然而他们此时的气氛也有些令我捉摸不定。直到后来我在报上读到他们的赞扬文章才放心。纽约一位杂志编辑告诉我，这种冷淡的表现是一种“盎格鲁—萨克逊”现象。他说：

“海地”裙装，1954 年秋冬时装展，黑白照片

“各大洲之间表达喜悦的方式不同，并不代表这种喜悦的程度和真诚度有什么不同。法国人表达欢乐的时候可能是热情地叫喊、亲吻身边的人和情绪激动……美国人同样会欢乐，但表达方式可能会比较安静而已。”

我的成长经历使我能很快适应差异。现在我的公司在美国成功立足了，我需要像作为一个法国设计师那样，去做一名真正的美国设计师。我需要学会了解美国客户的需要和愿望。这个夏天炎热、冬天暖气充足的地方，可以称为“热带”。这里永远需要更薄、更轻、更清爽的感觉。这里的房子相对较小，酒吧和其他公共场所的夜生活很活跃。对短礼服和比较正式的晚宴礼服的需求很大。当然，最经典的美国式设计是鸡尾酒晚礼服，因为鸡尾酒象征着美国优越的生活方式。在白天，套装是必不可少的。在巴黎常见的小黑裙装在这里倒很少见到。

总体来说，美国的女性——除了爱好法国式的装扮之外——都不太注重着装的微小细节和修饰，而是更关注整体的效果。她们喜欢经常更换服装和变换风格，不像欧洲女性那样固守着奢侈之风，因而显得比欧洲要绚丽多彩许多。另外我也得承认，由于生活水平普遍很高，美国的闲适阶层与劳动阶层之间的差距并不大。在巴黎难得一见的豪华的凯迪拉克汽车，在这里则极为普通，车主可能是一名办公室职员，甚至是一名电梯工。同样，身穿高级服装也并没有那种与众不同、极尽奢华的效应。

既然已经跨越了大西洋，我们索性就从一个美洲跨越到另一个美洲。克里斯蒂安·迪奥—加拉加斯就像是巴黎总公司的一个微缩版。因为有着同样的拉丁血统，这里的人们和我们相处得非常融洽。在加拉加斯期间，这里奇特的乡村、欣欣向荣的大自然风光和人民、人们表达方式的多样性和格调性，都让我有一种身在故乡的感觉。对于因事业而远离故土的我来说，重新感受到家乡的气息，甚至是家乡的缺点，也是多么让人倍感亲切、倍感欣慰的事啊。

进军伦敦

伦敦分公司开办得最晚，但我现在对它投入的时间可能是所有分公司里最多的。我的这种偏爱一方面是由于这是个新的公司，另一方面是因为它是英格兰的一部分，带有英格兰独特的魅力。初识这种魅力，是我二十一岁那年。

那是 1926 年，我入伍的时间日益临近。我说服父母允许我去英国待一段时间，一是有助于学习英语，二是在我服兵役之前能享受一下这个我最喜欢的国家。

是因为我当时二十一岁吗？还是因为我平生第一次享受到了真正

的自由？那里到法国的距离，说远，足以让我感受到离开家的自由；说近，又能让我觉得若有需要随时都能得到家里的帮助。还是说那一年的伦敦是它最美的时期吗？不管到底是什么原因，总之那是一次快乐而难忘的旅行。

年轻时候的欢乐记忆最牢固。多年后故地重游，你会发现那些愉快的记忆仍然清晰。每次到英国，我都能感受到第一次旅行的时候经历的那种快乐而自由的气氛。我非常喜欢待在这样一个随时随地让我充满快乐回忆的国家。除了旅行的快乐，后来我又增添了设计的快乐——为英国女性设计服装的快乐。我个人认为，英国的女性是世界上最美的女性群体之一。如果一名英国女子是可爱的，那她在全世界的女子中也是很可爱的。我喜欢英国的粗花呢，也喜欢那里垂顺的长裙，以及由于盖恩斯伯勒的天气而很容易使衣服穿旧，从而显出的那种微妙的颜色变化。

1954 年秋冬时装展上的晚装，黑白照片

在开设英国分公司之前，我已经有了两位来自伦敦的美丽大使——我的两位英国模特儿。一位叫德克斯特·沃恩。在我看来她就是美丽和庄严的化身。每当

她穿上舞会长裙，她是如此魅力四射，为她换衣服的助理每次帮她穿好之后，都要坐下来好好欣赏一番。极少有模特儿，甚至极少有女性，能拥有德克斯特这样夺目的光彩。每当她走近，都会让人觉得是一个仙女刚刚从沐浴的山泉中走了出来。后来当她结婚、离开我们的时候，人人都感到沮丧。

另一位名叫吉恩·唐奈。我们都叫她"卡罗琳"，以避免同我们的另一位美国员工简·伯恩斯搞混。我选中卡罗琳是因为她具有典型的英国人特征，碧眼、金发、修长而优雅的身段。顺便还要提到戴安娜·马西，一位来应聘模特儿的澳大利亚姑娘。她进入公司后就改了行，并且成为公司四名最好的销售人员之一。

英国的时装世界对于我来说并不陌生。在英国建立分公司之前，我也曾带着我的巴黎系列服装到伦敦进行过表演。那是我的第二个系列。1947 年秋季，由多丽丝·兰利·穆尔夫人组织，在沙威饭店举办了一场豪华的时装秀。她最近还开办了一家化妆博物馆。法国驻英大使夫人马西利夫人对法国时装的帮助，是令人难以报答和感激不尽的。当时正是在她的帮助下，我们被安排向一群特殊的女士展示我们的时装。她们包括英国女王陛下，如今已经是太后了，还有玛格丽特王妃、肯特郡公爵夫人以及她的妹妹、南斯拉夫的奥尔加王妃殿下。这些女士对当时已成为热门话题的"新风貌"时装充满好奇。

因为没有通知媒体和警方，所以我们的行动必须非常谨慎小心，以免引起外界的注意。巨大的舞会长裙被包裹得严严实实，从沙威饭店的员工通道悄悄运出。整个运输过程安静得只能听到衣料的沙沙声和人们不断发出示意噤声的“嘘”声。最终我们的员工、模特儿和服装终于顺利到达使馆。房间在马西利夫人的辛苦努力下装扮得富丽堂皇。我们匆匆忙忙地进行了一次彩排，以便模特儿适应场地的环境，并了解皇家礼仪的有关程序。

我被告知，走秀结束后女王将同我短暂会晤。我敢说，每个法国人内心其实都是真正的保皇派，至少我肯定是的。尽管有心理准备，但真的面对女王的时候，我还是立刻就被她的优雅给惊呆了。没料到世间竟有如此优雅亲切的女人。她身穿淡紫色礼服，头戴垂褶帽子，这些换在别人身上肯定是不可想象的，然而在她身上却显得非常美丽，而且恰到好处。她的风度和她的笑容打动了现场的每一个人。

还有玛格丽特王妃，可以说她确立了当时王室在公众心目中的形象。公众的选择是正确的。她是一位精灵般的王妃，雅致、优美而精巧。我听说她也极为聪明机变，但限于当时气氛比较正式，因而无法更进一步了解。之后她在访问巴黎的时候，曾经光顾过我的时装秀大厅。我发现她酷爱时装，而且非常明确地知道什么样的时装适合她那纤小可爱的身材。这一点上她是胜过大多数女性的。

当这次在法国使馆举行的特殊走秀结束后，可以想象，我们在返回沙威饭店的一路上，心里都是轻飘飘的。

就在当天下午，诺曼·哈特奈尔，这位皇室御用裁缝造访了我的店面。他之前一天观看了我的时装秀，并且认为我的时装非常漂亮。他觉得我的时装甚至值得推荐给女王陛下。当时我有些语塞，因为我无法告诉他实际上女王已经看过了。幸亏这位先生风度高雅、言语得体，使这小小的窘境丝毫未露端倪。

当晚由英国最著名的时装设计师“十人组合”专门举办了一场向法国时装致敬的酒会，我带着非常轻松的心情参加了这次聚会。

我第二次美好的英国之旅仍然同玛格丽特王妃有关。1954 年，她驾临了我们在布莱尼姆宫举行的时装秀。这次时装秀是由马尔伯勒公爵夫人主办，红十字会协办的。公爵夫人曾于几个月前到访巴黎蒙田大街的迪奥公司总部，安排组织事宜。她高挑的身材穿上红十字会的制服显得格外漂亮，给我们留下了深刻印象。

被选中参加布莱尼姆宫服装秀的十三名模特儿、图克汉女士，以及新闻官提前一天到达。而我和著名的飞机恐惧症患者勒妮，则选择了乘船。模特儿们在布莱尼姆宫享用晚宴，然后被安排住宿在公爵夫人的临近房舍或者伍德斯托克的饭店。

第二天一早我到达的时候，我的第一感受完全跟时装无关。我被布莱尼姆宫征服了：富丽堂皇的建筑、红叶映衬的园林、清幽秀美的湖泊，这一派美景完全把我惊呆了。这宫殿当年是安妮女王为马尔伯勒公爵建造的，以表彰他在英法战争中取得的辉煌胜利。看着此时风中飘扬的英法两国的国旗，我心里暗想：选择这样一个地方作为法国时装胜利的标志，希望不致引起公爵的不满。若公爵有灵，希望他能息怒，并加入我们的模特儿队伍。

可怜的模特儿们现在感到前所未有的紧张。她们从前虽然经历过十四次热闹非凡、彩带高悬的走秀，但那都是在法国那种小小的时装秀沙龙里举行的。如今要面对两千名观众，在宽阔无比的大厅里进行走秀，同时还要想着皇家礼节，她们心里实在没底。

我的时装秀我自己出席过的次数不多，这次就是其中之一，而且这次也是由于时装以外的缘故而令我记住的一次。表演一结束，我立刻被一群可爱的护士们包围了。她们身穿同公爵夫人一样的红十字会制服，争先恐后地向我和模特儿们索要签名。之后，我被授予英国红十字会荣誉会员。玛格丽特王妃亲自向我颁发了证书。

由于十分疲倦，活动结束后我就动身返回巴黎了。后来我才听说那之后还发生了很多热闹的事。模特儿们当晚留在布莱尼姆宫，并出席了公爵夫人举行的晚宴和舞会，第二天一早出发去伦敦。由于离开得匆忙而且到达伦敦的行程误点，导致行李出了差错。每个人的化妆箱、衣箱都跑到别人手里了。由于模特儿们分别被安排在不同的饭店下榻，因而她们只好在清晨坐着出租车跑遍全城，找回属于自己的行李。莉娅急得大哭，图克汉女士也束手无策，因为团队当天下午就需要赶回巴黎参加蒙田大街的发布会，必须尽快重整队伍准备出发了。

正是在这一时期，我逐渐萌发了在伦敦开设分公司的想法。我的好友西蒙妮和谢赖格·米尔曼帮助我把这一想法变为了现实。首秀出乎意料地成功，而且媒体的热烈反响也令我深受感动。我要特意提到英国记者艾利斯·阿什利。在这个领域的报道常常是虚话连篇的环境下；她写出了十分有见解的高质量的文章。在迪奥公司，我们常常会关注她是否到场，并迫切希望听到她对我们最新时装的意见。

虽然已经建立了英国的分公司，但我还记得另外一次曾经去伦敦

热内·格鲁奥1949年所绘的“Miss Dior”广告素描

巡展的美好经历。战争期间，英国成立了一个叫做"法国之友"的组织，旨在帮助撤到布雷斯特的法国海军。1955 年 4 月，该组织的主席英弗克莱德男爵和荣誉秘书长 E. J. 瓦舍先生正在筹办一场慈善晚会，并邀请我带领我的模特儿们参加。我们进行了两场表演，一场是在格拉斯哥的中央饭店，另一场是在格伦伊格尔斯。到场嘉宾都规格极高。其中有新任法国大使肖韦尔（Chauvel）及夫人、普罗沃斯特男爵及夫人，以及众多苏格兰贵族，包括巴克勒公爵夫人。如此众多的名人汇聚一堂，令主持人都紧张得有些发抖：

"普罗沃斯特男爵……阁下……大人……诸位大人……女士们先生们……"

时装秀之后的节目令我这个法国人大开眼界：一群身着苏格兰裙的男士们走上台，跳起了里尔舞，和之前身穿华服、脚踩猫步的姑娘们形成了鲜明的对比。但是伴随着男士们热情奔放的舞步，我们脚下的地板都摇晃和震颤起来。我们都担心它会倒塌掉。大概是看见了我们脸上紧张的表情，普罗沃斯特男爵告诉我们说，这种地板是经过特别设计的，正是要在舞蹈的时候摇晃起来，目的是增加里尔舞生动的气氛。

我在苏格兰逗留了一段时间。之前久闻其风景秀丽的大名，唯恐传言夸张而令我失望。而实际上，这里的乡村、城堡和旷野的美景比我预期的还要美，大大地震撼了我。

第四章

我的人生历程

时装是用于穿着的，应当遵循其独的规律，无论是在街上还是在休息室里，都能显得穿着得体与考究，这才是时装的作用。

——[法] 克里斯蒂安 · 迪奥

少年的我

讲完了迪奥公司，现在该讲讲我自己了。尽管很不情愿，但还是有必要讲一讲这位克里斯蒂安·迪奥的另一面，也就是我个人的生活。自我描述通常很难。有谁真正了解自己呢？我想出了一个比较容易的讲述方式：通过我从小到大住过的各个不同的房子来叙述我的故事。这或许是出于我对建筑和室内装潢的偏爱，我最初的工作也正是这个行业。总之我觉得这种间接的自述方式比直接平铺直叙地讲述我的人生更有说服力些。

我最早的家在格兰维尔。是一幢典型的 19 世纪末的盎格鲁一诺曼式建筑，外观很丑。至今回想起它来，我觉得既温馨又神奇。从某种意义上说，那幢房子的建筑和环境甚至影响了我的一生。

当时我父母还很年轻，他们在我出生后不久就买下了这幢房子。它建在一个不大的庭院中央，位于一座悬崖上面。这座悬崖上后来又建了许多房子。庭院里种着的小树伴随我一起在风浪的洗礼中长大。说风浪绝非夸张，因为这幢房子就建在海边的悬崖上，从窗子就能看到大海，感受到激流漩涡与风云变幻，这种景象多多少少是我后来人生经历的真实写照。

在我儿时的眼中，门外方圆五十码的那片松树林，简直堪称大森林了。当然，今天这些松树已经长成真正的大树了。然而当年花园的围墙却不够高大，所以童年的我常常面对着风暴感到惊恐。

格兰维尔位于芒什省。我父亲在这里经营着几家肥料工厂和化工厂。这些工厂是由我的高祖父在1832年建立的。当年他是第一批从智利进口肥料到欧洲的人。我的全家都是诺曼底人，只有母亲例外。她性格温和，同时也是这个家族中唯一一位小食量、瘦体型的人。格兰维尔镇离我家大概半英里。这镇子在一年中有九个月是平静的小港，而持续三个月的夏季则风景优美，成为巴黎人的度假景区。在那个时代还没有出现野营和露宿一类的旅游设施。格兰维尔镇是一个典型的诺曼底传统海滨胜地，每年迎接着固定和忠实的客人。年轻人的舞蹈课、可以下棋和欣赏音乐的赌场，以及鲜花集市，吸引着巴黎人每年携男挈女来到这里度假，他们也很注重保护这里原有的生活环境。

过了旅游旺季，这里则变成了一座孤岛，城市的商业气氛一扫而空，街上几乎看不到外来的游人。我喜欢这种世外桃源般的氛围。受母亲的遗传我热衷于观赏花草，这种爱好甚至影响到我读书的习惯。除了几本童年印象特别深的书之外，我最主要的喜好就是在维尔莫兰和安德鲁商行里阅读并记诵那些写着鲜花名称与介绍的目录册。

小时候喜欢的书中，印象最深的是一本配有古斯塔夫·多雷插图的《佩罗童话》。那些图画真令我激动。之后我看过的《海底两万里》中鹦鹉螺号上的那些房子的装饰也同样令我激动。在我心里那种感觉一直代表着无上的豪华和美丽。得益于严格的家教，童年的我是个有教养的、很乖的孩子。单从外表上看，似乎很难适应未来纷繁复杂的生活。

在本书的开头我就提到过，我是个很恋家的孩子。然而如果是去参加一次孩子们的聚会，我则会因兴奋而暂时忘却这种恋家情节。我会长时间迷恋那些闪光、精致、缤纷和轻巧的东西。去纽芬兰岛的人归来，或者为家族生意运输肥料的一艘三桅船回来应当都算是大事，却勾不起我多少兴趣。我去过几次父亲的工厂，印象糟透了。我后来对机器的恐惧，以及坚决不在那种地方上班的决心，就是那时候形成的。

我小时候住的这所房子，是由很淡的粉色涂料和灰色碎石装饰的。这两种颜色成为后来我在服装设计中最喜爱的颜色。我的母亲十分钟爱绿色植物，因此就完全不顾美观问题，在房子的正前面建了一座 19 世纪铁艺风格的花房。多年以后，我搬到巴黎之后找房子的时候，还习惯性地把是否有花房作为选房子的重要条件之一。

从房子的正门进去是一间门厅，连接一条长长的阶梯。整个空间用松绿色装饰，并用竹子花边加以衬托。每个门的上方是一个同样用竹子和麦秆做成的挑檐。整个楼梯都装饰着仿日本风格的绘画。这些葛饰北斋与喜多川的画成了我的西斯廷：我记得我会连续几个小时盯着它们看，之后我会坐在某个带有异国情调的烫花皮革的脚蹬上，用手指感触珠帘那轻微的响动。每当我从这些所谓的座位上起身时，都会感到内疚，觉得他们不是用来坐的。

这种长时间发呆的结果，使我后来对日本风格的艺术品情有独钟。至今我仍然喜爱那些刺绣着花鸟图案的漂亮丝绸，并将它们用于我的设计。

房子的客厅装饰是路易十五式的，和现代风格形成鲜明对比。真品和赝品的陈设混杂在一起。那些镀金格子玻璃门的柜子最吸引我。玻璃门里面摆着很多大概是从萨克森买来的贵妇和村妇形象的玩偶，穿着带花边和蕾丝的长裙。还有五光十色的威尼斯彩色杯子、各种各样的糖果盘子，以及不计其数的各种扇子。在壁炉台上的花瓶里插满了羽毛掸子（我现在还喜欢）和缎花。

起居室则保持了祖辈们的第二帝国式的风格装饰，显得温暖许多。墙上贴的那种黄色波纹壁纸，在后来我装修巴黎的房子时，竟然还能找到同样的款式。我父亲的书房给我的印象是充满一种令人敬畏的宗教般的气氛。房间里有一架文艺复兴时期的挂钟，用合金装饰着非常吓人的持戟的士兵，还有一个非洲女人模样的面具，那样子看上去简直就像要吃人一样。另外还挂着印刷的鲁瓦贝的画作，画上的火枪手满脸髭须、面目凶恶。虽然我父亲很和蔼，但每次进入他这屋子，我还是禁不住因为害怕而微微发抖。不过，我还是常常冒着被责备的危险偷偷溜进去，把玩那个颇显神秘的、当时还是新鲜物件的电话机。

对于餐厅的亨利二世风格，它那些红色、黄色的彩色玻璃，我最初也有一点儿害怕。但后来却渐渐喜欢上了它：首先因为它是餐厅，而我那时已经开始变得很贪吃了。其次，它的氛围很像我喜爱的《佩罗童话》中的描述。餐具柜和橱柜上画着很多狮子和各种神奇的生灵形象。一扇窗玻璃上还画着一位文艺复兴时期装扮的女子，她微笑着俯视的样子非常迷人。然而时间能改变一切，现在我对卢瓦河城堡那类的家具摆设很抵触，带有偏见地抵触。就算是某些最漂亮的文艺复兴风格的家具，我也需要在努力克制的情况下，才能勉强接受。

我自己的房间里，我最喜欢的部分是天花板上圆形的天顶，以及挂在那里的一盏彩色玻璃吊灯。那些彩色灯光曾陪我度过了因为麻疹和天花而卧床的日子。离我的房间不远处是游乐室，记得那房间里有一个黑色的大橱柜，因而我母亲去那房间的次数比我多。我最喜欢的房间不是游乐室，而是缝纫室。也许，这就是命运注定吧。我喜欢在那里听女仆和裁缝们讲述精灵鬼怪的故事，听她们唱《市郊的燕子》，唱若瑟兰的摇篮曲。我就这样不知不觉待到天色昏暗下来，直到夜幕降临。早把我的书本和我的兄弟忘在一边，只聚精会神地看着这些女子在灯下做着针线活。这样快乐而诱人的童年以及乡村生活很快就结束了，因为父母突然决定要移居巴黎。那之后，这一切就只有留存在我怀旧的回忆中了：风雨交加的夜晚、大雾天的汽笛声、公墓的钟声、还有诺曼底的绵绵细雨。

小时候我们每年都会到巴黎去看望我的爷爷。那些巴黎之旅对于我来说是神奇之旅。我喜欢上了电灯，喜欢上了《沙皇信使》《魔鬼的药丸》和《环游地球八十天天》这三本书，还喜欢上了当时在迪法耶尔放映的电影。

那时候我五岁，那真是个发现和感知一切美妙的年纪，尚未被“理性年龄”的逻辑思维所干扰。感谢上天，让我在巴黎赶上了“一战”前“美好时期”的最后阶段。当时种种快乐祥和的景象深深印在了我的脑子里。那时人们只关心生活品质，整个社会有一种很从容的气氛，不论富人还是穷人，都相信生活总会一直平静如常，没有变数。对于每个人来说，未来似乎只会越来越坦然舒适。

要到达市中心，必须开车经过一段很糟糕的路段。我们的交通工具是一批最早的标致轿车。即便对于成年人来说，那也是一辆巨大的轿车，一共有四排座位，足以坐下我们九个人：四个孩子、祖父祖母、女教师、女管家和一位“杂工”。我们所有人都包裹着自己，以躲避尘土。每个人都罩着面纱，女人们顶着沉重的羽毛帽子，而男孩子们则戴着精神的水手帽。我们头顶上，沉重的行李和备用轮胎塞满了车顶的行李架。我们的目的地是理查德·瓦格纳大街（开战后更名为阿伯里克·马格纳大街，真可笑）的米埃特路。当车子经过无数的颠簸和走走停停之后终于到达终点时，我们那份舒畅的心情是可想而知的。

告别了格兰维尔的旧房子，现在我们在巴黎有了新家。新房子是世博会期间建造的，18 世纪的风格中透着现代。在这里，我发现并彻底爱上了“路易十六一帕西”风格：那些白色釉面、细倒角的门嵌板、荷叶边窗帘，流苏网窗帘、还有根据房间豪华程度，用花布或锦缎装饰的墙面。其间装点着罗可可式的鲜花——与其说是“蓬巴杜”风格，不如说是“维亚尔”风格。而精美的电灯则更是锦上添花，这些电灯都做成郁金香形状或者路易十六风格的烛台形状，安装在壁架上。灯光透过磨砂玻璃照射出来，使房子显得格外温暖和敞亮。其整体风格并未因为朴素而受到影响。我们住在四层，从我的窗子望出去，一边是米埃特公园（后来这里变成了亨利·罗泰希尔德酒店）的树林，另一边，在街的尽头，则是一幢巨大而特别的哥特式房子。这座房子后来也被拆掉了。

我从来不会因为某一特征就对一幢房子着迷，然而有一幢房子却例外：它前门上方的石柱阳台一下子就吸引了我。这种神秘的吸引力一直持续了四十年，直到今天我终于住进了那幢房子。在不远的奥克塔夫弗耶路还有一座建筑更加耀眼：一座真正的1910年代的清真寺。它有着蓝色和金色的釉面砖屋顶。由于后来荒唐的城市规划，它被拆除了。实在是可惜！它是巴黎唯一能唤起波斯时装回忆的标志。那个由俄罗斯芭蕾带来波斯时装的时代，伊里巴风尚大行其道，人人都在谈论尼金斯基，谈论沙布里扬侯爵夫人举办的波斯舞会，还有裙裤、窄下摆裙装以及探戈。路易十六风格只好让位了，也许已经被莎拉嘉德[1]的毯子闷死了。

---

① 莎拉嘉德是《天方夜谭》的故事讲述者。

“透景画”裙装，1947 年秋冬时装展，黑白照片

第四章
我的人生历程

1914年发生了著名的日食，似乎是种不吉的预兆。驾驶红色汽车招摇过市的博诺帮会，开了流氓时尚的先河。我开始偷偷地阅读《方托马斯》和《绅士大盗》。当然，表面上我依然是格尔森学校的一名乖乖好学生。每次考试我几乎没得过不及格，尽管有些教师不太喜欢我，因为我常常在我的教科书画上穿着高跟鞋的女人的腿。

战争的爆发非常突然。我们当时正在格兰维尔度假。最初我们的德国籍家庭女教师不肯离开，因为她和其他人一样都认为灾难不会降临。平时她就像我们家庭的一员，然而战争打响之后，有一天她突然宣布：如果有需要，她将义无反顾地向法国士兵开火射击。真可怕！那时我年龄还小，还不懂得战争，只觉得那是个鬼迷心窍的年代。然而那个年代却充斥着那种变态的教育，因为许多老师就有些变态。

在那段时间，女人们已经无暇照顾我们这些孩子了。她们忙着制造绷带、在医院工作、负责前线往来的书信以及照顾伤员。突然有一天，一本来自巴黎的时装杂志令所有女人都震惊了。那杂志说，巴黎人都穿着短裙子、飞行靴，黑色、格子或铜褐色上衣，花边到膝盖。这些女人们看到这本杂志的第一反应全都是不屑一顾，然而没过多久，她们却全都奔向报社，希望来得及通过当天的晚报从巴黎邮购靴子和短裙。这很典型地代表了那个时期人们的盲目和草率。也许必须经过这样一种矛盾的阶段，才能让人人变得义无反顾地追求时尚吧。之后，尽管贝尔莎大炮的炮弹落到了巴黎，而人们却正忙着学唱《蒂珀雷里之歌》和 *Y. M. C. A.*。尽管凡尔登变成了地狱，然而后方的人们仍然专心致志地学着两步舞、独步舞和狐步舞。当然，在那个无比艰难的时期，人们竭力表现得欢快，正是一种鼓舞士气的方式。

这一时期因为战争，我们经历了很多次的搬家、转学。我在此省略掉这一部分，直接跳到 1919 年。那一年我们在巴黎亨利马丹街有了一个比较稳定的新家。房子依然是 18 世纪的风格，人们甚至认为它是很纯正的古建。然而实际上，只不过是仿古建筑而已。

战争结束后的全新时代，对每个人都意味着新的开始。我们这些十五岁的孩子们就更是如此，而且我们的年纪更符合这个时代的新鲜气息。正常来说，我现在应该好好复习功课，准备参加坦能堡历史课考试。然而我却和朋友们一起被各种音乐、文学、绘画以及种种新兴的艺术形式吸引了。在那个时代，你必须紧跟人群，才能不错过一处隐秘的风景、一次惊喜的聚会，以及亲身见证那个疯狂时代的机会，体验着不眠的夜晚、非洲的音乐、无醉的狂饮、轻浮的爱情，以及严肃的友情。我四处探索着这个崭新的巴黎：她充满智慧、创造性和大都会的活力，并尽情散发着真正的新鲜气息。我那时候常常去博蒂路的几家画店，后来也常去左岸的一些画廊，去看看让娜·布赫画的小房子，还有原始画派和立体画派画的朴素而漂亮的修女。现代艺术仍然沿袭了一些黑弥撒式的东西。黑色曾经十分流行。由于战争的影响，象征悲哀、黑暗和艰难的黑色取代了绿色的房子、金色的毯子、紫色和橘色的窗帘，取代了路易十六白色风格之后短暂流行的所有那些东方色彩。

像杜南涂料、鲁尔曼的桌子、科罗曼德尔的窗帘这类东西，肯定依然能在大酒店、舞场以及那些讲究炫耀的艺术家们诸如斯皮内利或费尔南德·卡巴内尔的屋子里找到。但是勒科比西耶和皮埃尔·查理奥引发了一场来势凶猛的变革，就像圣茹斯特和罗伯斯庇尔的清洗一样，清除了一切装饰。不论建筑、家具还是服装，每一样东西都是功能性的了。1920—1930 年经济好转，奢华也只是体现在朴素的材料方面：例如混凝土水泥、漆器木材。在服装界，香奈儿采用了针织布料和粗花呢，勒布则推出了不带任何装饰的光秃秃的毛毡帽。实用艺术盛行这种理性风尚的同时，美学艺术却相反，绘画、诗歌、音乐都没有遵循这种变革。勃纳尔、维亚得、拉威尔和德彪西这些人已经显得不够鲜明，而且有一点儿过时。新一代的人才当数马蒂斯、毕加索、布拉克、斯特拉文斯基、勋伯格这些人。达达主义解放了语言，使之不再受约束于表达精确含义。让·科克托则用他的放映机照亮了先锋派的探索之路。

这群人聚集的朝圣地是一家叫做“屋顶上的公牛”的酒吧。我觉得有点不可思议，到了 1956 年，人们追逐和崇拜的先锋与新潮作品和作家，仍然是我们当年十几岁时所追逐的同一批人。以纪尧姆·阿波利奈尔[1]为代表的那批人，在当时就已经成名十年了。

有这么多分散精力的事情，我都不知我是如何通过我的考试的。到了该念大学的时候了，因为热爱建筑，我就向家人提出希望能进入大学学习艺术，结果遭到明确的反对。他们不允许我加入波希米亚人的行列。为了有更多时间，争取更大自由，我进入了圣威廉街的巴黎

① Guillaume Apollinaire（1880—1918），法国诗人。

政治学院，学习一个可以敷衍的专业。通过这样的阴谋，我就此走向了我喜爱的生活。

这是多么纷繁的生活！康拉德·维德与路易·布鲁克斯的德国表现主义电影，由立体派设计师取代了巴克斯特与贝努瓦的俄罗斯芭蕾，还有瑞典的芭蕾——他们的表演因如此前卫而招致诽谤。科克托的《埃菲尔铁塔上的婚礼》由六人组作曲，让和瓦伦丁·雨果进行舞美设计，幕间节目由雷尼·克莱尔与萨蒂负责。当然舞台上还有季洛杜、格洛代尔、契诃夫这样伟大的演员。

像布鲁克纳[1]的《青春病》这样的存在主义先驱作品，可能就是在某个小房间里上演的。我们探寻着传统，探寻着黑人艺术，以及中国、秘鲁的艺术。对于我们来说一切都有探索的价值。马戏团有弗拉泰利尼，音乐厅有密斯丹格苔、舍瓦利耶、多莉姐妹，而后还有约瑟芬·巴克。有当之无愧的现实主义歌后达米娅，有舌灿莲花的拉克尔·梅勒，有福蒂内，还有布尔维尔和特雷内。而芭贝特[2]以其高超的技巧综合了男人的力、女人的美和天堂之鸟的轻盈。这一时期，一切高水平的新奇事物已经通过各种形式，真实地展现在人们面前了。我父母看到他们的儿子不务正业感到非常失望。其实他们错了，在这种种场合中，我不仅逐步形成了自己的品位，而且建立了一个牢固的朋友圈子，这为我未来的生活打下了基础。

---

① Ferdinand Bruckner（1891—1958），奥地利剧作家。

② Barbette（1899—1972），生于美国的杂技演员。

友谊与困境

我是如何结识朋友的呢？我认为，我和我的朋友们都来自不同背景，完全是通过缘分才彼此相遇的。或者说是被那种歌德称为“亲和力”的神秘力量所牵引，才走到一起的。我们这些人有什么共同之处吗？也许吧，这其中不少人都是当时各自领域的代表人物。不过说实话，我们从没想过要成为一个类似“七星诗社”“百科全书派”“巴比松派”或是“洗濯船”那样的社会团体的成员。我们只是由科克托和马克斯·雅各布牵头的由一批画家、作家、音乐家、设计师组成的简单的聚会。

从巴黎政治学院毕业之后，我就费尽周折说服家人，允许我去学习作曲。很快我就开始追随萨蒂、斯特拉文斯基、六人组、阿尔克依学院这些新音乐的代表们。我们常常在家里举行稀奇古怪的聚会。外面仍然处在管制时期，而屋内，我们坐在地板上演奏着令长辈们无法接受的奇怪音乐。甚至一到晚上，父母就会飞快地躲到他们自己的房间里去。

一位后来成为外交家的荷兰音乐家向我介绍了亨利·索格。他是位来自吉伦特省的库特拉人，戴着眼镜，镜片后面闪动着明亮而机灵的眼神，面部表情丰富，谈吐机智又幽默，那种处处流露的拉丁人气质简直把我迷住了。在我眼里，他已经是极为著名的音乐家了。他一定是刚刚在香榭丽舍剧院演出完吧？那天晚上他在钢琴上演奏了他的《法兰西女人》。那音乐深深地吸引了我们。假如老天赐给我创作音乐的细胞的话，我多么梦想自己能写出这样的曲子。亨利·索格用他的作品唤醒了自然、感性、反学院派的风格。我们很快就成了朋友，并且正是通过他，这位我们这个时代的杰出音乐家，我又结识了一位同时代的杰出画家。

他是位英俊、消瘦、性格温和的小伙子。他透过那大大的蓝眼睛洞察到，人类表情与活力的表现，应当远远不止于立体派或抽象派的那些静物和简单图形。他的名字是克里斯蒂安·贝拉尔。他的画能够将日常生活变为充满激情或怀旧情绪的神奇世界。我购买了许许多多他的画稿，并且挂满了我的房间。也是通过索格，我还结识了皮埃尔·加索特，一位对音乐、舞蹈和历史学都充满热情的人。还有让·奥泽恩，他对我后来投身时装行业起到了决定性的作用。那时候的这些聚会，带着蒙帕那斯和英式的色彩，充满了友谊带来的不寻常的快乐。我们当时戴的圆顶帽，相当于现在流行的高领针织衫——那时的我们也和现在的年轻人一样，满怀求知的热情。

和其他年轻人一样，我也用拖延战术成功地逃脱了兵役。但是，1927年，我还是不得不参军。从前舒适稳定的家庭生活使我早已变成一个公开的无政府主义者，同时也是个和平主义者。所以我拒绝参加训练营，而是在凡尔赛第五工程兵团做了一名工程兵。这个部队还有一项好处是离巴黎不远。简单的军营生活令我有了大量时间进行思考。我仔细考虑了退役后的职业选择问题，最终作出了一个最合理的选择——但在我父母看来这大概是最愚蠢的选择——我开了一家艺术画廊。

我完全不顾父母的反对。最终他们妥协了，并以巨资赞助了我。条件是我的名字不能出现在公司名字里。在我父母眼里，姓名出现在店名里是一件最丢脸的事。我和朋友雅克·邦让合作，在博埃蒂街的尽头，一个有点儿脏兮兮的角落里开设了这间小小的画廊。我们的目的是想展出我们最仰慕的那些画家的作品：毕加索、布拉克、马蒂斯、杜菲。当然还有我们认识的那些画家朋友的作品：贝拉尔、萨尔瓦多·达利、马克斯·雅各布，还有伯格曼兄弟。如果把那时收藏的这些人的画保留下来，现在可价值连城了。当时我的家人都认为那些画啥也不值。

在一次马克斯·雅各布的画展上，我遇到了刚从乡下来的年轻诗人皮埃尔·科勒。他后来放弃了作诗，成了一名画商。他的才华、智慧和生意头脑令他取得了极大成功，只可惜他后来过早地去世了。当时我们很快就成为密友，因为彼此都十分看重友谊。1928 年那一年，真是友谊获得丰收的一年，只有鲜花，没有阴云。

我们常常去拜会我们的老师兼朋友马克斯·雅各布。他住在诺莱特街的一处新奇的地方——诺莱特旅馆里。这座房子就像一座微缩的宫殿。舒适的房间、适中的价格以及集体生活的快乐，吸引了大批和我们同龄的年轻人来到这里，他们的性情和天赋各异，只因共同仰慕马克斯、厌恶学究派和为了追求轻松快乐而聚到一起。在那种充满持续的欢笑和玩笑的气氛里，我先后结识了当时正一心梦想着成为作家的莫里斯·萨克斯、探险家兼时装设计师乔治·热弗鲁瓦、已经成名的马尔塞勒·埃朗，以及当时还是格拉塞出版社的一名编辑、尚未成为作家的安德烈·费纽。亨利·索格就住在不远处的特吕弗街，他常常过来和雅各布一起写作轻歌剧，不过一直也没有完成。克里斯蒂安·贝拉尔则爱在这些剧本的封面上画他的服装和创意草图。

那些个夜晚疯狂而又充满新奇创意。我们里面最显年轻的马克斯常常脱掉拖鞋，只穿着红袜子，伴着留声机里肖邦的《前奏曲》翩翩起舞，他能模仿芭蕾舞里的各种角色。而索格和贝拉尔则用灯罩、床单和窗帘，装扮成各式历史人物。这些发生在诺莱特旅馆里的晚间表演乐趣，令我二十年后还能饶有兴致地担当角色，参演在芝加哥和达拉斯上演的时装巡展。1928 年，是个充满朝气而奔放的一年，我感觉就像一个新纪元，一切看起来都充满了成功的希望。我们的画廊经营得还不错，收入足以给我的家人一个交代。1925 年之后，投机的风气已经渐渐弥漫，那些曾经不为金钱利益驱动的传统领域也不能幸免。一切都是为了钱，艺术、生意、金融似乎已经融为一体。年轻人特有的反叛精神令我常常和父亲争吵，每次的结果都是他丢下一句“肮脏的资产阶级”并狠狠地摔门而去。之后我就陷入了持续的发呆和不知所措中。

1929 年美国的经济危机预示着世界大萧条即将到来，但在当时的巴黎似乎没人留意。对于当时的人来说，美国还是个遥远的国度。我只听时装界朋友们谈论过有关他们的美国客户突然消失之类的故事，但当时跟我关系不大。大家都相信，暴跌的股票很快还会涨回来。

1930 年的假期结束之后，我却看到了比经济崩溃更可怕的凶兆：我家里的一面镜子自己滑落下来摔得粉碎。之后，厄运就接踵而至，降临到这个一向快乐而安全的家庭中。我的一位兄弟染上了一种神经系统的不治之症，而我亲爱的母亲由于过度忧虑而突然去世。

虽然这突然的不幸令我终生伤痛，但现在回想起来，也幸亏母亲走得早，因而无须目睹我们家随后遭逢的一系列灾难。1931 年伊始，我父亲投资房地产，但很快就遭受了重大挫折。家里原有的一切固定资产——土地、艺术品、藏画、股票证券，都被迫低价抛售用来还债。

这次打击是毁灭性的。这一系列戏剧性事件最终令我“逃往东方”。面对资本主义危机带来的问题我毫无办法，最终幼稚地凑够了数千块钱，远赴苏联参加一个建筑师培训班进行学习。

我对赫鲁晓夫统治下的苏联并不了解。当我们抵达彼得格勒的时候，只感受到了阴郁和冷漠。我们被质询调查，并被收走了护照。广场上穿行的马车以及我们周围人群的面容与穿着，都显示着穷困的景象。在人群中，我们这二十几个学生简直就像是百万富翁。我想我没有必要详细记述旅程细节。因为很多人都写过了，而且写得比我好。我们按照事先严格安排好的路线，并在苏联旅行社的导游小姐的陪同下四处参观。途中还遇见了个假冒美国游客的女人为我们导游。我想这显然是个间谍，果然没过多久她就消失了。对于我们的守护天使——导游小姐来说，我们这群孩子并不容易管好。导游并不希望我们看到那些可怕的贫穷，然而那种景象比比皆是：宫殿的外表已经斑驳破损，在空荡荡的街道上，表情空洞的人们从空无一物的商店橱窗前走过。专供外国人居住的酒店，在 1914 年以前曾经是豪华酒店，现在却已经破旧不堪。酒店供应的一点点食物，也许卫国战争的时候够吃，但现在根本不能填饱我们的肚子——因长途跋涉而更加饥饿的肚子。躺在床上，本想念几句伏尔加河畔无聊的诗句，却由于臭虫叮咬而兴致全无。只有高加索山，还有黑海的岸边，这俄罗斯的里维埃拉，怡人的景色和舒适的气候才能让我感到一丝惬意。

总之，我的苏联之旅充满惊奇。我赞叹于这个国家过去曾经创造的辉煌文明，失望于它今天所处的可怕贫穷，感慨于它的人民在如此水深火热之下仍未丧失对国家前途和使命的信心。公正地说，尽管贫穷并混乱，但这个东方不朽之国的地位是毋庸置疑的。然而我还是坚持认为，沙皇统治下的俄国的生活方式要比现在好。或许现在这种巨大牺牲不会白白付出——但愿如此。我得承认，当我们一行最终拿回护照，并乘船驶出苏联海域的时候，我们都长长地出了一口气。尽管西方处在经济危机中，我们还是愿意回到那边去。我就这样带着沮丧和忧虑的心情踏上了归程。

“王妃”装，1949年春夏时装展，黑白照片

在我看来，这艘黑海货轮的三等舱简直就是豪华舱。像是要运往特拉布宗的集市，舱里塞满了各式的杂货，我感觉就像进了阿里巴巴的藏宝洞。我们的航程沿途风景优美。我第一次看到了君士坦丁堡和雅典。随着终点临近，我开始想着回去之后将面临如何的命运。我还不知道，一踏上法国土地我就将很快再次离开，开始一段新的命运之旅。赛琳称之为我的“通向黎明之旅”。

在马赛我突然接到电报，说我的合伙人破产了。我不知道发生了什么，也不知道该怎么做。我的家人早已回到诺曼底，因为他们已付不起巴黎的房租了。形单影只的我，现在终于第一次体会到了生活的含义。

我离开了这座已不再属于我的房子，没钱住旅馆，只好寄居到别人的家里。他们总是友善地欢迎我。我觉得只要我尽可能地保持安静、低调，就应该不会给朋友增加多少负担。我也从来没想过会有饿肚子的可能。

我忙着卖掉画廊里的画，在那个恐慌的时期这是一件困难的事。那些放在今天价值百万的画作，当时仅能卖几万块而已。除了少数几个主顾和收藏家，比如诺阿耶子爵和子爵夫人以及达维德·魏尔之外，多数画商都不得不以越来越低的价格出售藏画。只要损失不是巨大的，就算是一笔好生意了。我和雅克·邦让分开之后，同皮埃尔·科勒合作，但经营变得更差。我们只好继续亏损和抵押着，同时也组织一些超现实主义抽象画展，这也使我们的顾客越来越少。

大萧条一天天恶化，我只好回到我的家里请求财政支持。但我家的状况也是日渐艰难。不仅是我，所有人都感觉到无望。现在回想起来，可能正因为周围有些年龄相近、品位相投的朋友都遭受了不幸，所以有大家分担困苦，还觉得好过些。由于厌烦了没有顾客而在店里空等的时光，我就常常和马尔塞勒·埃朗跑到罗尚博酒店，因为那里可以无限赊账，就像布瓦西当格拉路上迷人的多纳小姐经营的武蒂耶蒙酒店一样。无限赊账是必需的，因为我们决定无论如何也不能花一分钱。这个身处绝望国度里的新的生活规则，是由莫里斯·萨克斯提出的，他曾是我们中间最富有的人，现在也是遭遇最惨的。

我们的画廊终于关了门。现在甚至连温饱都成了问题。幸亏“屋顶上的公牛”酒吧的老板、好心的穆瓦斯，仍然欢迎我们这些旧日的老主顾。不过由于大萧条，他的酒吧也从布瓦西当格拉路被迫搬到了庞蒂耶夫尔路一幢即将拆迁的房子里。不过穆瓦斯不惜降低价格，保住了这头曾经辉煌一时的“公牛”。来到这里消费的有钱主顾们不知道，这个大都会的中心如今成了流浪者的收容所。

我后来在朋友邦加德在那里住了下来。那是两间小破阁楼，并且已经住着他和他的情人。所有东西都一样一样地消失着:屋顶、水、电，最后是钱。曾经光荣地为富兰克林遮风挡雨的屋子，最终注定成为拆迁工人的目标。但没有什么能阻止年轻人们寻欢作乐。那些损失不太大的、还有些小小收入的人，总是急着召集我们。几瓶酒、一架钢琴、一台留声机，这样的夜晚，我们会用我们发明的神奇的娱乐方式驱走老鼠。古怪的服装和装扮已经成为惯例。我、邦加德和他的朋友们一起，装扮成稀奇古怪的样子，一路跑着超过一辆又一辆的马车，最后进入到某个化装舞会里。然而，舞蹈着的我们还不知道，我们脚下是一座即将喷发的火山。

由于长期焦虑以及饮食不良，我不可避免地病倒了，而且病得很重，必须立刻到山区去疗养。由于没有任何社会保险，我的朋友们凑钱资助了我。他们的慷慨令我得以在消费水平低于法国的丰罗默和巴利阿里群岛度过了一年。在这远离巴黎的日子里，我有了新的想法。原先我只是满足于欣赏别人的艺术成果，而现在我希望自己也能创作出自己的作品。后来我学习了挂毯的制作技术并为之着迷。我画了一些挂毯的设计图，并且计划开办一个作坊。但是随后发现，一方面缺乏资金，另一方面公众对挂毯兴趣不大，于是这个计划就搁浅了。尽管如此，这次仍算是我内心艺术感受的一次表达吧。现在回过头看看还是挺自豪的。

回到巴黎时，我发现我的家庭已经陷入非常困难的处境。大部分的财产都卖掉了。在我的劝说下，他们卖掉了余下的股份并搬到法国南部去了。现在只剩下我一人，我得为自己找一份工作了。我并非不情愿去跑那些诸如保险公司、银行、会计事务所之类的地方。那个时候工作实在不好找。我也逐渐体会到了所有失业者的那种焦灼的心态：赶着去报刊亭搜寻报上的招聘小广告、快速浏览并试图记住一切有希望的地址，还要赶在其他应聘者之前早早去排队。我经历了很多次这样的奔波，其中还有一次是去吕西安・勒隆那里，当时我是去试着找个文秘工作，但鬼使神差，我竟然脱口而出说道：

“我觉得我可能更擅长服装设计方面的工作。”

这简直是一个吉兆。从那时开始，我的厄运结束了。我还保留有一幅杜菲的大画——一幅巴黎地图。这幅画最早是受普瓦雷委托创作的，用于在 1925 年的装饰艺术博览会上装饰他的几幅作品，几年后他破产了,就又卖给了我。现在我运气不错,成功地将它卖给了 C. P. D. E. 。这笔意外之财让我得到了喘息，不用整天奔走在巴黎各处找工作了。我甚至还能帮帮家里。让・奥泽恩邀请我住到他家。那是一幢建在亨利四世码头的漂亮的房子。从那里美丽的塞纳河、圣路易斯岛和庞泰翁广场尽收眼底。谁能想到 1945 年之后让・奥泽恩会变成一名大获成功的演员呢。因为当时他还是个服装设计师，有不少客户都购买他的设计。我当时没工作，看到他能挣钱，于是就打算学着他的样子也做服装设计。

让不但鼓励我、允许我跟着他学习他的经验，并且还将我的设计介绍给他的客户看。我的一位美国朋友马克斯・肯纳也是一位设计师，他教会了我使用喷笔和混合颜色。于是我鼓足勇气，开始向各个杂志投递我的设计稿。一天晚上，让给我带回了惊喜：他用我的设计稿换回了一百二十法郎（每张二十法郎）。这是我第一次通过自己的创作换来收入。我简直高兴得激动起来。我在这位忠实的朋友帮助下，这一百二十法郎就像长夜之后的第一线曙光，它决定了我的未来，并将照亮我的未来。

在三十岁之际，在时装业，我找到了真正属于我的职业生涯。我动身去了一趟南方，帮助打理家中的事务，并且准备埋头苦修设计。可能令人难以置信，虽然我一直热爱艺术，而且有很多艺术界的朋友，但迄今为止我连如何拿铅笔都不会。整整两个月，我夜以继日地勤学苦练，并画了很多创意图。然后怀揣这些设计重新回到了巴黎，决心在时装界为自己赢得一席之地。我设计的帽子销路不错，但服装的设计显然还不够成熟，因而也未受到多少关注。我的两个朋友米歇尔·布朗霍夫和乔治·格夫雷总是毫不吝啬地对我提出批评和忠告。我也因此决心加倍努力。我就这样不知疲倦地奔走于各个客户那里推销我的设计，常常需要在他们的办公室或休息室熬过漫长的等待，用这些辛苦卖出的设计维持我的生计。这条通向成名的艰辛道路持续了两年。然而这远比当初四处找工作的时候的无聊要好得多。虽然同样辛苦，但现在我毕竟是在为一项热爱的事业而打拼。

我当时住在帕莱波旁广场的布戈涅旅馆。那里的常客分为两类：一类是前萨特时代的知识分子们，这些人后来成为了花神咖啡馆一族；另一类是居住在怡人的圣克罗蒂德和圣日耳曼街区的外乡人。乔治·热弗鲁瓦也住在那里。他介绍我认识了罗贝尔 · 皮盖。这位设计师邀请我将我设计的几件衣服加入他即将发布的下一季时装系列。我自己的设计终于要变成实物了。1937 年我结束了学徒期。我不再是一个四处推销的初级设计师，而是一位有资格面向客户的正规设计师了。最重要的是，我已经能够凭借自己的能力实现我人生的一个重要目标了：有一所自己的房子。

那时候找房子相对容易。有一次我在鲁瓦亚勒大街谈生意的时候，在 10 号门前看到了“出租”的告示。这所房子有五间空置了一年的大房间，而且如果我愿意，楼上也可以一并租下。我以每年八千法郎的价格成交，并和我的家具、床、装饰品一道搬进了这处新家。

坦率地说，那时几乎是家徒四壁，但有什么关系呢？毕竟我有了自己的家。

1938 年皮盖搬到香榭丽舍大街环岛，邀请我去他那里做一名专职设计师。我兴奋极了，立刻欣然答应。我终于有机会了解从创意到成衣这一神奇的过程了，终于将要带着紧张而激动的心情进入服装秀和服装加工的世界了，终于将要发现剪裁和缝纫的秘密了。皮盖是个很有魅力却反复无常的老板。他喜欢耍手段，并以此为乐，因而为他工作并不容易。不过他很喜欢我的创意，而且我为他制作的样衣也都很成功。我永远感谢我的朋友克里斯蒂安 · 贝拉尔。是他将我——作为“英吉利咖啡”款式的设计师——介绍给了玛丽 – 路易斯·布斯格。“英吉利咖啡”是一款犬牙花纹搭配蕾丝装饰的裙装，设计灵感来源于《两个小淑女》。这款衣服在当季的发布会中引起了轰动。后来玛丽 – 路易斯·布斯格又把我引荐给了《时尚芭莎》的卡美尔·斯诺。此时面对着时装界的殿堂，我情不自禁地想到："我来了。"

然而真正到来的，却是可怕的1939年。通常一系列的荒唐总是灾难的前兆。当时的巴黎简直沉迷透了。我们终日流连于舞会，围绕着夏帕瑞丽的虚幻国度纵情声色。大概是害怕灾难终将降临，我们都不愿放过这最后放纵的机会。

战争终于来了。我被迫转移到了耶夫尔河畔的默安，阿涅斯索雷勒的乡村，并且告别了我钟爱的雪纺纱和亮片装饰。在那里我脚穿木底鞋，和来自贝里和帕耶莱特的农民们一起生活了一年。在这迥然不同的气氛里我忘掉了时装。我又一次身无分文，之前挣的钱一点儿都没攒下来。在这里我第一次真正深入了乡村生活，并且喜欢上了这种生活。我对耕作劳动、季节更替，以及那永久神奇的作物发芽产生了感情。感谢1940年的溃败，使我得以流落到南方，在瓦尔附近的小村庄卡拉利扬，我与父亲和姐姐重聚了。

在默安的经历已经使我变成了一名农夫，所以我和姐姐决定将房子四周的空地开垦耕种。卡拉利扬土地肥沃，非常适合种植蔬菜。而在全面管制时期，蔬菜能在市场上卖出很好的价钱。我们把花草都拔掉，种上了红花菜和豌豆。在收获之前的三个月里，我们只能依靠遣散时发放的八百法郎维持生计。

这时一个奇迹出现了。这可能是最后一笔到达法国的国际汇款吧？战前几个月的时候，我曾经委托马克斯·肯纳将我画廊里最后四五幅卖不掉的画带到美国。没想到他卖掉了并在这时候给我汇来了一千美元。得到这样的支援，我们现在就可以安心地等待收获季节了。届时我们会将收成运到戛纳或者临近的市场去。

很多避乱的巴黎人都去了戛纳。我每星期去两次，在那里我结识了维克托·格朗皮埃尔和马克·德尔尼茨。他们在酒店里组织演出娱乐众人。我的时间也并非 7 全部用于农活。迁址到里昂的《费加罗报》给我发来了消息。战前我的朋友保罗·卡尔达盖斯曾介绍我负责他们的女性专栏，定期发表我的设计。现在他们礼貌地发来邀请，而我也愿意借这个机会，使我的设计技能能够免于荒疏。

随着地区间通信的好转，我们了解到巴黎正在逐步恢复到一种接近正常的秩序。服装公司的工厂重新开门，并招聘成千上万的早已顾不上爱国的失业工人们。罗贝尔·皮盖写信来，请我回到他的公司重新担任我以前的职位。对此我十分犹豫：一是我不喜欢回到战败的耻辱的巴黎；二是我刚刚形成的农民个性有些抵触公司里的那种复杂的工作方式；三是我还要考虑如果我走了，把家里的农活都交给我姐姐一个人打理，她难以应付。就这样，我犹犹豫豫直到 1941 年底，才决定接受皮盖的邀请。

当我终于再回到巴黎的时候，才发现罗贝尔·皮盖显然对我的拖延深感不满。略经缓和之后，他告诉我说，因为久等我不来，他就找了一位来自香奈儿的设计师，名叫安东尼奥·卡斯提洛。尽管我是在这样一种不愉快的气氛里第一次听见这个名字，然而命运仍使卡斯提洛后来同我成了极好的朋友。这次失去这个职位，对于我来说并非坏事。当时同情我的保罗·卡尔达盖斯将我介绍给了吕西安·勒隆，后

迪奥与左撇子剪刀一起登上了《时代》杂志封面，1957 年，黑白图片

者当场就接受我进入他的公司工作。勒隆的公司可以说是一所超级的服装设计学校，在纳迪娜·卡桑德尔的领导下有一群非常优秀的裁缝师，因而公司一向以工艺精湛而著称。勒隆的公司比皮盖那里规模大得多，因而我在这里学到了大量的时装行业的知识。

我并非一个人负责样衣制作，战前负责此任务的皮埃尔·巴尔曼现在也回到了岗位上。我们两人之间没有任何恶意的竞争，反而合作得非常好。对时装的热爱已经超出对自己的爱。巴尔曼和我都不会忘记勒隆公司教给我们的一切，尤其是在当时的战时管制状况下，在随时可能关门的情况下。如果为一个小小职位而争执就很容易引起德国人的不满。尽管困难重重，我们还是最终坚持到了解放。

几星期后，勒隆公司正在筹备冬季系列的发布会，解放到来了。入城的盟军都惊异地看到，勒隆向他们展示了一个充满活力的时尚的巴黎。

有时候我都怀疑自己是如何熬过那些年的。因为我的姐姐——曾在卡拉利扬和我共同分享辛劳和快乐的姐姐，后来遭到逮捕，并在1944年6月被驱逐。我拼命想找寻关于她的消息，然而一切努力都只是徒劳。我只好埋头拼命地工作，用这精疲力竭的工作麻痹自己，让自己忘掉她。那时候的时装——关于那时候那些丑陋奇怪的衣服和帽子，我在本书的开头已经说得够多了。在战争结束的十年之后，我终于能够高高兴兴地对那些丑陋的风格进行报复了。

我的自画像

每人都有一些小小的癖好，它们往往是力量的源泉。因为一想到它们，我们就会忘掉疲倦，重新获得工作的动力。那么我有什么癖好呢？首先我要说说那些我所没有的癖好。

如果没有格外优秀的节目出现，一般我对影院、歌舞、夜总会这样的娱乐项目没多少兴趣。有时候有人会问我，为什么我很少为戏剧设计服装，为什么我的名字很少出现在节目单上。我认为，演出服装设计和时装设计，从根本上是两码事。1939 年，我在皮盖还是一个无名之辈的时候，应马尔塞勒·埃朗之邀，第一次为谢立丹的戏剧《造谣学校》设计演出服装。之后我又为电影和芭蕾做过几次服装设计，但并不愉快。为戏剧设计演出服装，有时需要即兴发挥，有时要求工艺次要而实效第一，我对此根本不能接受。比如有一次应鲍里斯·科奇诺和克里斯蒂安·贝拉尔的邀请，为芭蕾舞剧《十三个女人》设计服装，到临近开演、演员们已经在舞台上就位之后，我们还在对演员已经穿上身的服装做最后修饰，这种经历简直可怕。

除了不喜欢娱乐，我还得承认我也不大喜欢读书。除巴尔扎克的作品之外，我几乎不看别的小说。只有历史和考古方面的书籍才能引起我的兴趣。绘画方面的书当然是我的最爱。此外，要列出我的娱乐项目，其中一项极大嗜好就是纸牌。我会连续几个小时沉迷于桥牌或塔牌桌旁，企图看透其神妙之处——这对于我来说大概是一种缺乏智慧的表现吧，不过至少还算诚实。

我真正的癖好，也许你能猜得出，是建筑。从小我就迷恋建筑，由于家庭和成长环境的缘故，我对建筑的热情没能得到发展。然而后来在服装上，我却发现了抒发这种热情的途径。我把我的每一件作品，都看做专门为美丽女性的身体而构设的一栋建筑。

不仅如此，服装还为我带来了收入，让我得以更好地抒发情怀。随着我的第一个服装系列带来的收入，我可以自由施展一下我在建筑方面的天分了。当时我住在枫丹白露森林里的一所乡间小屋里，与朋友皮埃尔和卡门·科勒为邻。我正在筹建我的乡村住宅，我不希望它是一座庄园或者别墅，而希望是一所与田园融为一体的、真正的乡间幽居，最好能有一条小河穿过其间，就更完美了。

我的卢梭之梦终于在米伊附近的库德雷旧磨坊那里寻到了。这是一组平实朴素的小房子，有马厩、仓房和磨坊。环绕在一个大小适中的马蹄形的场院中间。古老的屋顶、长满苔藓的墙壁几乎完好。只有一处山墙被前房主修复过，弄得十分恶俗。我的第一反应就是拿了把斧子，把新增的那些装饰统统砍掉。我的这一举动把中介商吓了一跳。接下来我就着手按照我喜欢的风格装饰这所房子。每个房间都具有自己的特点，即使我按照统一的风格来装饰它们，也不担心它们会显得单调。我希望这所房子能有一种乡村住宅的气氛，在有着洁白的墙壁和光亮的地板的屋子里，孩子们可以从小得到良好教养。这种气氛也是我自己的一段温馨记忆。总之我希望我的第一所乡间住宅既是焕然一新的，又是温暖舒适的。

园艺方面的工作我交给了一向信任的伊万。原先在弗勒里的时候伊万曾神奇地将我那片大花园打理得井井有条。现在我希望有一个真正的、像诺曼底老家那样的农家花园，装点于道路两旁。为了达到这种效果需要改造树林和小河，还需要清除杂草。一旦完成，我就可以舒舒服服地躺在花荫树丛里，惬意地倾听米伊祥和的钟声。这将是我灵魂的隐居之所。

然而这灵魂居所尚未完工，现实居所却出了问题。我曾经一点儿一点儿地把在巴黎鲁瓦亚勒大街的公寓逐渐装饰成“世纪末”的风格，显然已经和我现在的需要不符。我只好考虑离开这所房子，离开那窄窄的四段式的楼梯，多亏了这楼梯，我才一直抵御着美食的诱惑以免变得过胖。

我几乎寻遍了整个巴黎，只是刻意没去帕西区。因为按照当时的潮流，人们要不惜一切代价拥到第七区去居住。但是似乎只有美国人才能在盖尔芒特这样的地方发掘到空房。我搜寻了奥什和讷伊，但一无所获。没有找到一处适合的房子。那段时间，很多房屋中介商都认识了我这个著名的难伺候的客户。直到有一天，好机会终于来了。

那天一早中介商打电话来，用略显不耐烦的语调说："我们这里有一所房子出售，只不过是在帕西区，在于勒－桑多大街。"

那一刻我的心情简直就像"昔日重现"。我一路奔到所给的地址，并惊喜地发现，从阿尔伯里克－马尼亚尔街进去五十码，正是我少年时代梦想过的那栋房子。那些曾令我着迷不已的石柱阳台赫然在目。这栋精致的小楼建于1905年，最初的主人是一位女演员。由大门进入房子的一瞬间我就立刻感觉到，这座房子太适合我了。虽然里面到处是图案、彩绘和线条装饰，然而房子的布局却格外理想。还带有一个冬景花园，令我回想起格兰维尔。我没再迟疑，甚至都没咨询建筑师，就当场买下了它。之后就集中所有精力来装饰这个新家。

房子最初的主人，那位女演员，在玛丽剧院时期常常住在圣彼得堡，并且患上了空虚忧虑症。这座房子曾经是半堡垒、半爱巢的风格，显然完全不适合我这个20世纪50年代的热爱和平的单身汉。于是我指挥我的装修大军—— 维克托·格朗皮埃尔、乔治·热弗鲁瓦和从让森家来的皮埃尔·德尔贝，准备将它改造装饰成为一栋地道的城市住宅，就像米伊的房子是地道的乡村住宅一样。

我要在房子里放上各式艺术品，不论贵贱，只要我喜欢，而且能够反映我的个性就行。一幅马蒂斯的画，旁边可能就是一条哥特挂毯，一件文艺复兴时期的铜器，或是一件雅各布挂饰。不论品位高低，只以我自己的喜好为主。毕竟如果房子不符合自己的口味，就如同穿着别人的衣服一样不舒服。我所期望的是，随着房子主人的兴致所至和突发奇想，就会一点儿一点儿逐渐形成一种风格和气氛。如果我必须说出我最喜欢的房子的风格是什么，我会用“路易十六风格”这个词。当然了，这是1956年版的路易十六风格，是现代的、也是更真诚的路易十六风格。

即将写完这本书的时候，我在普罗旺斯—蒙托鲁的新房子也进入了装修的最后阶段。那里距离卡拉利扬不远。我没法详细描述这栋新房子，因为还没有完工。这房子很朴素、很古典，也很庄重。我希望这种庄重气氛能代表我即将进入的人生的下一个阶段。我现在把这所房子当做我真正的家。将来的某一天，如果上帝允许，我将在这个家里享受退休生活。或许到那时，将不再有迪奥，不再有时装，我将在这家中重归一名平凡普通人的生活。

其实此刻我就正坐在蒙托鲁的家中，完成这本书的最后部分。感谢命运的安排，我能得以在这普罗旺斯乡村的宁静祥和中完成我的书。一整天我都待在葡萄园里，憧憬着葡萄的丰收。现在夜幕降临，随之而来的是无边的宁静。蒙田大街似乎已经十分遥远。星星正逐渐点亮夜空，映在窗外的池塘里。

此时此刻，两个克里斯蒂安·迪奥——我，还有这个为我带来成功的、暹罗双胞胎兄弟——该会面了。在这些葡萄藤和茉莉花架下非常适宜会面，因为靠近土壤总能使我更自信些。

这样一种会面会是怎样的结果呢？首先，他和我属于不同的世界。他生于、并完全活在现实中，他喜爱变革以及带来震撼。而我，则因为从小在诺曼底生活，形成了朴素的品位以及脚踏实地的作风。

正因为如此，我的时装制作也都力求基础扎实。真正的奢华必须以优质的材料和精良的工艺为基础，并深深根植于稳重的内涵和朴素的文化，才有可能取得成功。经济的不景气已经使当前世界的浮华风气有所扭转。现代时尚界必须朝着稳重诚实的方向发展。梦幻又梦幻、浮华又浮华的风格属于戏剧服装，而不属于时装。时装是用于穿着的，应当遵循其独有的规律，无论是在街上还是在休息室里，都能显得穿着得体与考究，这才是时装的作用。香奈儿小姐曾给时装下过一个准确的定义：

“艺术生于丑而愈美。时装则生于美而愈丑。”

这里我要斗胆纠正一下香奈儿小姐的话：时装还有一种复活的特性，随着时间的推移，这种丑还会重新转化为美。时装这项工作，就好像在一闪即逝的星光下航行。必须依靠精确的设计、优秀的裁剪和精良的工艺，才能把握好方向。

我在时装上的工作原则同我周围许多朋友在各自领域的原则一样。克里斯蒂安·贝拉尔画了一幅火焰吞噬的脸，用以反抗立体派奉行二十年的、禁止描画人像的规则。弗朗西斯·普朗克和亨利·索格以抒情音乐对抗学究派作曲。皮埃尔·加克索特用真挚的作品《法国史》挑战米什莱历史学校的权威。我在自己的工作领域，也向所有我认为是错误的立场作斗争。我尽量将我的品位和个性注入我的服装设计中。每一件作品必须征服它的公众。作为一件衣服，它需要遵循某些法则。但作为一件盛装，它必须敢于狂放。在时装业，大胆无畏的探索者才能有机会进取。

某款时装是否受欢迎、何时受欢迎，其中涉及的因素比较复杂。最成功的时装款式通常最容易过时，因为它会过多地被宣传和模仿。总有某些女人，永远追逐某一特定风格的服装，因为她们要趁着年华未老，在最美好的时光里尽情地享受时装。

最后，我该如何解释时装本身的奇迹呢？时装何以如此奇迹般地一直受到公众的欢迎，甚至某些低劣的设计师的作品也会受到公众的关注？我认为这是由时装本身的神奇性质所决定的：高级女装乃是当今世界仅存的最美妙的东西之一，而时装设计师是仅存的拥有魔法、能帮助灰姑娘焕发美丽的人。我们每个人身上潜藏的表达欲，如今只有通过时装这条唯一的渠道才能得以展现。正因为如此，报纸总是长篇累牍刊登关于时装的讨论文章。也正因为如此，设计师们能够每一季都推出新的系列时装。在成千上万梦想着新时装的女人中，可能只有一小部分人才能穿上它们。高级时装正是这样，不一定能满足每一个人，但却有必要存在于世上，不断延续着它的魅力。

时装还有它的道德意义。有人可能认为时装是轻浮的，有人可能认为我的时装不适合我们所处的这个严肃的时代。我要回答他，快乐的时代即将到来了，那时你们自己也会穿上这被称为轻浮的时装。时装对于传统的继承体现着忠诚。在过去一百年里，无数传统被打破、摧毁，而时装仍然保持了它的神秘，也因此证明将来它必将焕发出更大的魔力。

我谈论时装的语言是轻松的，然而我的语调却是凝重的。巴黎时装的伟大发展历程，不仅仅是一座荣誉殿堂，同时也是一种外在的、对于我们应当继承的古典文明的美丽诠释。

突然之间，我开始真心地尊敬这另一个我了。或许这个疲惫的设计师还是有值得称道之处的。我对他不再充满敌意了。维护公众的品位——他的这一角色还是很有价值的。而我能够躲在他的光环之下，庆幸自己拥有了这双重人格当中最好的部分，我能够踏实地从事设计到制作的实际工作，他指引我走向前面的光明大道。

所以，最终我还是接受了我与他的同等身份。在我的企业建立十年之后的今天，我终于愿意承认我们俩——这位伟大的设计师和这个渺小的普通人，是同一个人。

附录

迪奥生平大事年表

1905

【迪奥】

1 月 21 日，出生于法国诺曼底的格兰维尔镇。

【欧洲】

第一次资产阶级革命开始。

1910-1914

【迪奥】

由于战争多次搬家、转学。

【欧洲】

首次将飞机用于军事侦察活动。

1914-1919

【迪奥】

在法国北部的格兰维尔度过了四年的时光。

【欧洲】

1916 年，爱因斯坦提出“广义相对论”。

1917 年，斐迪南 · 冯 · 齐柏林研制成功第一艘硬式飞艇。

1919

【迪奥】

在巴黎亨利马丹街有了一个比较稳定的新家。

【欧洲】

巴黎和会，第一次世界大战的二十七个参战国与会，法国总理克列蒙梭任主席。

共产国际（第三国际）在莫斯科成立。

卢瑟福通过实验，首次实现人工核反应。

1921

【迪奥】

进入巴黎政治学院攻读政治学，后来退学，去学习作曲。

【欧洲】

共产国际三大在莫斯科召开；红色工会国际在莫斯科召开。

1927

【迪奥】

参军，在凡尔赛第五工程兵团做了一名工程兵。

【欧洲】

协约国对德国军事管制结束，希特勒召开首次纳粹党会议。

1928

【迪奥】

他和朋友雅克·邦让合作，开了一间画廊。

【欧洲】

美、英、法、德、比、意、日、波、捷等十五国代表于巴黎签订《白里安-凯洛格公约》(非战公约)。

1931

【迪奥】

父亲投资房地产破产,家里原有的一切固定资产被迫卖掉还债。迪奥深受打击，凑够了数千块钱，远赴苏联的一个建筑师培训班学习。

【欧洲】

纳粹党、右翼党派与垄断资本、国防军代表集会，结成“哈尔兹堡阵线”。

1932

【迪奥】

回到巴黎。画廊倒闭。

【欧洲】

纳粹在国会选举中成为第一大党。

J. 查德威克于人工核反应中发现中子。

1933-1937

【迪奥】

勤学苦练时装设计，四处推销自己的时装设计稿。

【欧洲】

1933年，纳粹制造“国会纵火案”，大肆迫害共产党人。

1933年，柏林十万人反法西斯示威游行。

1936年，希特勒出兵占领莱茵非军事区。西班牙内战，导致了佛朗哥法西斯军事独裁政权的建立。

1937-1939

【迪奥】

皮盖服装店助理设计师。

【欧洲】

1938年，纳粹制造了“水晶之夜”，大肆迫害犹太人。

1939

【迪奥】

被征召到法国南部从军。

【欧洲】

第二次世界大战爆发；德军攻陷巴黎。

制成第一架以涡轮喷气发动机为动力的飞机。

1940

【迪奥】

由于战乱，流落南方，在法国东南部的一个名叫卡拉利扬的小村庄，与父亲和姐姐生活了一年。

【欧洲】

希特勒发布执行“海狮计划”命令，拟对英发动登陆战。

1941-1945

【迪奥】

在勒隆服装店担任设计师。

【欧洲】

1941 年，希特勒、墨索里尼在柏林签订建立“欧洲新秩序”宣言。

1945 年，世界第一架涡轮螺旋桨发动机的流星式战斗机在英试飞成功。

1946

【迪奥】

迪奥与商业大亨马尔塞勒 · 布萨克合作，由马尔塞勒 · 布萨克出资，以迪奥的名字命名，于巴黎最优雅尊贵的蒙田大街 30 号，开了一家时装公司，拥有员工六十人。

【欧洲】

第一届联合国大会第一次会议在伦敦举行。

纽伦堡国际军事法庭对纳粹德国首要战犯进行审判。

1947

【迪奥】

推出第一个服装系列—“新风貌”，在时装界一举成名；同年 7 月，又推出了第二个服装系列—冬季服装系列。

【欧洲】

苏、英、法三国外长就“马歇尔计划”问题在巴黎会谈。

1948

【迪奥】

迪奥—纽约分公司成立。

【欧洲】

美、英、法、比、荷、卢六国在伦敦召开会议，筹建西德政府。

世界卫生组织成立，总部设于日内瓦。

1949

【迪奥】

推出“立体透视”时装系列和“世纪半”时装系列。

【欧洲】

英国制成第一架喷气式客机“哈维兰彗星”号，试飞成功。

1951

【迪奥】

成立香水、手套、长筒丝袜部门。

【欧洲】

成立欧洲煤钢共同体。

1952

【迪奥】

在委内瑞拉的加拉加斯开设了分公司。随后推出了受巴黎著名标志启发而设计的“埃菲尔铁塔”系列和“圆顶教堂”系列。同年，模特儿们首次穿上了由新成立的克里斯蒂安·迪奥－德尔曼公司生产的鞋子。

【美国】

在太平洋比基尼岛核试验基地爆炸成功了世界上的第一颗氢弹。

1954

【迪奥】

迪奥在伦敦的第一家店开业。在巴黎，迪奥公司拥有五座大楼，公司的员工已达一千人，分布在二十八个车间。迪奥公司制造出的高级时装占当时全法国高级时装出口量的一半。

【美国】

世界上第一艘核动力潜艇—“鹦鹉螺号”在美国康涅狄格电船公司的船坞下水。

1955

【迪奥】

伊夫·圣·洛朗加入迪奥公司，成为迪奥先生的助手。

【欧洲】

华沙条约组织成立。

巴黎协定生效。

1956

【迪奥】

出版个人回忆录。

【美国】

马丁·路德·金组织黑人反对公共汽车公司歧视黑人，取得成功。

1957

【迪奥】

迪奥先生不幸卒死于心脏病，伊夫·圣·洛朗临危受命，成为迪奥的继承人，主管迪奥服装的设计。

【欧洲】

俄国发射第一颗人造地球卫星。